Rejoice Everyday
내가 매일 기쁘게
2

내가 매일 기쁘게 2

© 생명의말씀사 2015

2015년 7월 30일 1판 1쇄 발행

펴낸이 | 김재권
펴낸곳 | 생명의말씀사

등록 | 1962. 1. 10. No.300-1962-1
주소 | 서울시 종로구 경희궁1길 5-9(110-062)
전화 | 02)738-6555(본사) · 02)3159-7979(영업)
팩스 | 02)739-3824(본사) · 080-022-8585(영업)

지은이 | CTS 내가 매일 기쁘게 엮음

기획편집 | 유선영, 서지연, 김현정
디자인 | 김혜진
인쇄 | 영진문원
제본 | 정문바인텍

ISBN 978-89-04-16521-6 (03230)

저작권자의 허락없이 이 책의 일부 또는 전체를
무단 복제, 전재, 발췌하면 저작권법에 의해 처벌을 받습니다.

내가 매일 기쁘게 2

인사말

매일매일 기쁜 삶을 꿈꾸며

할렐루야!

지난 20여년간, 순수복음방송 CTS기독교TV를 통해 전 세계에 복음을 전하게 하신 하나님을 찬양합니다. 매회마다 은혜와 감동의 이야기를 들려주신 모든 출연자들과 동역해 주신 최선규 아나운서와 정애리 권사님께 깊이 감사를 드립니다.

매주 한 사람의 삶과 인생을 화면에 담으며 시청자를 울고 웃게 했던 '내가 매일 기쁘게'가 벌써 1,500회를 넘겼습니다. 한 땀 한 땀 옷을 짓듯 정성과 사랑으로 엮은 우리 이웃들의 이야기 속에서 하나님의 섭리와 역사를 우리는 매회마다 목도하였습니다.

그들의 삶은 그저 세상에 이름을 내고 유명인으로 사는 것에 그치지 않고 험난한 인생 여정 속에서도 하나님의 은혜를 갈망하고 하나님의 뜻을 좇아 살면서 그 열매로 범사가 잘 되며 하나님의 이름을 높였던 증언들이기도 합니다.

Rejoice Everyday

「내가 매일 기쁘게」는 CTS기독교TV를 대표하는 장수 프로그램, 인기 프로그램으로써 인생들 가운데 임하시는 하나님의 역사를 증거하는 귀한 프로그램입니다. 삶을 나누는 이들에게나 프로그램을 만드는 이들에게나 방송을 지켜보는 이들에게나 모두에게 동일한 감격이 이어지기를 진심으로 소망합니다.

앞으로 2000회, 3000회를 넘어 주님 오시는 그날까지 「내가 매일 기쁘게」를 통해 우리 삶 속에서 만난 하나님의 사랑하심과 성령의 역사들이 더 새롭게 전파되기를 기대합니다. 그래서 주께로 돌아오는 영혼이 하늘의 별과 같이 많아지기를 기도합니다.

그동안 「내가 매일 기쁘게」에 보내 주신 한국 교회와 성도들의 뜨거운 애정과 관심에 진심으로 감사드리며, CTS 전 임직원은 영혼 구원을 위해 오늘도 최선을 다하겠습니다. 주의 이름으로 축복합니다.

CTS기독교TV 감경철 회장

목차

인사말 4

1
기쁨은
절망을 소망으로 바꿉니다

이시원 (시원스쿨 대표) / 비전이 이끄는 삶	10
김관성 (덕은침례교회 담임 목사) / 내 절망도 영광이 됩니다	18
양영자 (전 탁구 국가 대표 및 몽골 선교사) / 탁구 여왕의 몽골 일기	30
윤일상 (작곡가) / 빛을 만난 그 순간	40

2
기쁨은
슬픔을 뛰어넘습니다

배재철 (테너) / 기적을 노래하는 어메이징 그레이스	54
신현준 (영화배우) / 꿈꾸는 자가 오는도다	66
김신욱 (축구 선수) / 선수촌의 부흥사	80
최복이 (본죽 대표) / 작은 여인의 큰 꿈	92

3

기쁨은
고통을 견디게 합니다

김승욱 (할렐루야교회 담임 목사) / 3대가 하나 되는 교회의 꿈   104
문희옥 (가수) / 예배는 나의 피난처   116
김정하, 최미희 부부 (샬롬교회 담임 목사) / 루게릭병의 만 가지 은혜   128
백승호 (인천백병원 원장) / 빈 들을 채운 사명   140

4

기쁨은
아픔을 잊게 합니다

이경민 (메이크업 아티스트) / 주님의 아름다움에 홀릭하다   154
윤학원 (지휘자) / 하나님은 내 인생의 지휘자   166
김남국 (주내힘교회 담임 목사) / 주님 때문에 망할 수 없는 인생   176
정선희 (개그우먼) / 나의 한마디 기도   190
문종성 (작가) / 광야 길에 만난 하나님   200

1

기쁨은
절망을 소망으로
바꿉니다

고난과 도전 속에서도 매일매일 기쁘게 살고 있는
크리스천들의 복되고 아름다운 신앙 고백

이시원
김관성
양영자
윤일상

이시원 / 시원스쿨 대표

31살에 연 매출 100억이라는 성공신화를 이룬
청년 CEO 시원스쿨의 이시원 대표.
영어 50점짜리 학생이었던 그가 영어 교육의 돌풍을 일으키며
최정상에 자리 잡은 대한민국 대표 영어 강사가 됐다.
그 화려한 성공 뒤엔 주님의 나라를 향한 비전과 신앙 고백이 있었다.
모태 신앙으로 태어났지만 선데이 크리스천으로 살았던 그는
어느 날 주님과의 만남으로 삶이 바뀌었다.
이제 그는 천국의 비전을 향해 힘차게 한걸음 한걸음 전진한다.

비전이 이끄는 삶

진지하고 의문이 많던 아이

저희 부모님은 교회 청년부에서 만나 결혼하셨습니다. 그래서 저는 자연스럽게 이른바 모태 신앙인으로 살게 되었습니다. 아버지는 40대 중반에 회사를 은퇴하고 신학 공부를 하기로 결심하셨고, 저희 가족이 워싱턴에서 살 때 아버지가 목사가 되시고 나서 가정 예배를 시작하며 교회를 개척하셨습니다. 그런 가정환경에도 불구하고 사실 저는 신앙에 큰 관심이 없었습니다.

캐나다에서 고등학교 3학년을 보내던 시절, 한 선생님이 기독교와 관련된 토론을 열심히 시키셨습니다. 저희는 C. S. 루이스의 『진정한 기독교』, 버틀란트 러셀의 『나는 왜 기독교인이 아닌가』, 필립 얀시의 책 등을 읽고 매일 한 시간씩 토론했습니다. 저는 그때 처음으로 종교에 대해 관심을 갖게 되었고, 진지하게 고민하며 스스로 묻는 시간을 많이 가졌습니다.

저는 어릴 때부터 부모님을 통해 믿게 된 믿음이 진짜인지 의문이 많았습니다. 그래서 정규 대학에 진학하기 전에 1년 동안 미국 시카고에 있는 신학 대학을 다녀야겠다고 생각했습니다. 그런데 그곳에서 거의 두 달 만에 도망치듯 나왔습니다.

사실 그 학교는 제가 진리에 관해 의문을 품으며 교수님들에게 질문을 하면 "네 마음속에 무엇이 있기에 그런 질문을 하느냐? 지금 잃어버린 영혼들에게 복음을 전해야 하지 않느냐?"는 반응이 대부분이었습니다. 학교에서는 전도의 중요성을 말하는데, 사실 저는 전도보다는 진리 자체에 대한 의심이 너무 많았습니다. 예수님에 대해 스스로 정리가 안 된 상태에서 왠지 학교에서 세뇌당하는 느낌이 들었고, 더 이상은 안 되겠다 싶어서 야반도주했습니다.

그 후 한국에 혼자 나와서 일을 하면서 자유가 많이 생기자 신앙생활을 더욱 소홀히 하게 되었습니다. 그러던 중 우연히 동네에 있는 교회를 나가게 되었고, 수련회에서 주님을 인격적으로 영접하게 되었습니다. 당시는 시원스쿨을 시작한 지 얼마 안 되었을 때였습니다.

그런데 웬일인지 어렵게 휴가를 내서 수련회에 참석했는데 찬양과 설교 시간이 너무 길어서 정말 힘이 들었습니다. 평소 접했던 찬양과 기도 스타일이 아니었기 때문입니다. 하지만 통성 기도 시간에 다른 사람들이 열심히 기도하는 모습을 보고 자극을 받아 저도 기도를 열심히 했습니다. 그러던 중 '하나님이 나를 사랑하시는구나' 하고 마음속 깊이 깨달아졌습니다. 전에는 하나님을 믿어야 하는 대상으로 생각했는데, 이제는 하나님을 사랑하는 대상으로 바라보는 계기가 되었습니다. 하나님을 아는 지식만 있다가 하나님을 인격적으로 만난 감격의 순간이었습니다.

그 후 제 기도가 완전히 바뀌었습니다. 전에는 "하나님, 저 이거 할 테니까 저거 해 주세요. 저거 필요해요"라고 기도했다면, 이제는 "하나님, 제가 뭘 할 수 있을까요? 하나님을 정말 사랑하는데 제가 주님을 위해서 무엇을 할 수 있을까요?"로 기도의 내용이 바뀌었습니다.

영어 50점짜리 학생에서 시원스쿨 대표로

저는 현재 연 매출 100억의 영어 프로그램인 시원스쿨의 대표입니다. 하지만 원래 저는 영어를 좋아하거나 잘하는 사람이 전혀 아니었습니다. 영어가 너무 어려워서 중학교 내내 50점을 넘지 못할 정도였습니다. 중학교를 졸업하고 가족이 캐나다로 이민을 가면서 영어를 제대로 배우기 시작한 것 같습니다. 아무래도 현지에서 부딪히며 생활해야 했기에 영어를 치열하게 공부했고, 그때 힘들게 했던 영어가 지금 도움을 주는 듯합니다.

시원스쿨은 처음에 '어떻게 하면 내가 강의를 하지 않고 돈을 벌 수 있을까?'라는 질문으로 만들어졌습니다. 정말 많은 고민 끝에 온라인에 강의를 올리는 것이 좋을 것 같아 시작하게 되었습니다. 사업을 시작한 스물다섯 살 때는 준비가 전혀 되어 있지 않아서 100만 원 예산으로 혼자 촬영도 하고 웹사이트도 만들었습니다.

시원스쿨이 이처럼 성장하게 된 데는 하나님의 적극적인 개입이 있었습니다. 하나님은 정말 예상치 못한 방법으로 시원스쿨 사업을 성장시켜 주셨습니다. 사실 저는 큰 사업을 꿈꾸지는 않았습니다. 어릴 때 꿈은 아버지처럼 소박하게 회사원이 되어 가정에 충실한 것이었습니다. 큰 비전과 꿈이 없었던 사람이 하나님을 만나면서 하나님의 비전을 가진 자로 변화된 것 같습니다. "하나님, 제가 무엇을 할 수 있을까요?"라는 기도를 기반으로 하나님이 지금까지 저를 이끌어 주셨습니다.

사업 초반에는 세금 개념이 없어서 고생을 많이 했습니다. 하루 광고비로 2억 원을 지출했음에도 예상과 달리 효과를 못 본 적도 있었습니다. 또 해커의 서버 공격으로 사이트가 마비되는 등 많은 어려움을 겪었습니다.

30대를 시작하며 하나님의 온전한 사람이 되는 훈련을 통해 하나님이 저를 준비시키신 것 같습니다. 만약 낮아지는 시간이 없었다면 성공한 이후에 세상적인 사람이 될 수도 있고, 또 돈은 있을지 모르지만 굉장히 피폐한 삶을 살 수도 있겠다는 생각이 들었습니다. 사업하던 중에 성경을 집중적으로 배우고 싶어 존경하는 목사님이 계신 부산으로 내려간 적도 있었습니다. 하나님은 사업을 통해서 저를 더 비전의 사람으로 세워 가셨습니다.

주님이 주신 비전

현재 시원스쿨 직원은 모두 크리스천입니다. 저희 회사는 일을 하는 데 있어 '비전을 가지는 크리스천이 네 가지 자세'를 지키려고 노력하고 있습니다.

1. On the Cross, 십자가 위에 서기 (갈 2:20 말씀 암송하기)
2. On the Bible, 말씀 안에 서기 (매일 아침 묵상으로 시작하기)
3. On the Holy Spirit, 성령 안에 서기 (성령께 계속 간구하기)

이 세 가지가 바로 서면 네 번째가 자연스럽게 따라옵니다.

4. On the Vision, 비전 안에 서기

성공한 사람이 되는 것이 목표가 아니라 하나님을 기쁘시게 하는 것이 저희의 비전이자 목표입니다. 처음에는 주님이 허락하신 비전이 무엇인지 잘 모르고 시원스쿨을 시작했지만 지금까지 이끄신 것을 보면 분명히 하나님이 시원스쿨에 대해 비전을 가지고 계신 것 같습니다. 그것은 끊임없이 하나님이 기뻐하시는 삶을 사는 것입니다.

저는 늘 '내가 어떤 삶을 살면 하나님이 기뻐하실까?'를 고민하며 하나님께 여쭈어 사업 가운데서도 하나님의 뜻에 순종하고 싶습니다. 하나님이 사랑하시는 사람들을 섬기는 삶을 살면 그분이 기뻐하실 것 같습니다. 시원스쿨은 정말 도구에 불과하기에 저의 미래도 주님께 온전히 맡깁니다.

시원스쿨뿐 아니라 하나님이 마음을 주셔서 필리핀에 콜 센터(Call Center)를 만들게 되었습니다. 현지 신학교와 협력해서 영어로 큐티와 삶을 나누는 프로그램입니다. 개인적인 생각으로, 서른다섯 살쯤부터 크리스천 청소년들을 사회의 리더로 만드는 교육 센터를 한국에 만들고 싶습니다.

취업을 준비하는 청년들에게

지금 어려움을 겪고 있는 청년들에게 두 가지를 권하고 싶습니다. 첫째는 지금 상황을 느끼고 충분히 괴로워하라는 것이고, 둘째는 해결책에 대해 끊임없이 질문하라는 것입니다.

많은 청년이 스스로 원하는 것이 무엇인지 안다고 생각합니다. 하지만 사실은 모르는 경우가 많습니다. 자신이 원한다고 생각한 것을 얻었는데도 행복하지 않을 때 그것을 확인하게 됩니다. 자신에게 계속 질문하고 행복에 대해 생각해 보았으면 좋겠습니다. 그리고 무엇을 할 때 정말 행복한지 고민해 보기를 바랍니다. 직업을 구하는 것이 자신에게 맞는 것인지도 확인하기를 권합니다. 개인적인 바람은 크리스천 청년들이 사업에 많이 도전하고, 자기 영역을 만들어 갔으면 좋겠습니다. 적극적으로 다양한 직업을 생각해 보았으면 합니다.

세상 사람들이 말하는 성공에 있어서는 저의 현재 모습이 부합할 수도 있겠지만, 하나님이 보시기에는 아직 아닌 것 같습니다. 저는 하나님이 이끄시는 대로 사는 것이 성공한 삶이라고 생각합니다. 지금 저는 하나님의 사람으로 살아가는 데 있어서 성공해 가는 과정을 보내고 있습니다. 늘 하나님이 기뻐하시는 사람으로 살아갈 수 있기를 기도합니다. 설령 사업이 잘 안되더라도 늘 주님 안에서 기뻐하는 사람이 되었으면 좋겠습니다.

김관성 / 덕은침례교회 담임 목사

SNS를 통해 새로운 목회의 지평을 연 김관성 목사.
화제의 글을 모아 책을 출간했고 2권의 베스트셀러를 낳았다.
가난한 어린 시절, 상처를 먹고 자란 소년이
어른이 되어 사명의 길을 걸어감에도 고난은 끊이지 않는데…….
실패 속에서 진정한 하나님의 은혜를 만나게 된다.
절망을 영광으로 하나님께 올려드리는 상처 입은 치료자,
현재 덕은침례교회를 섬기는 김관성 목사는
오늘도 담담히 하나님이 주신 사명의 길을 걷는다.

내 절망도 영광이 됩니다

노름광, 알코올중독 아버지

아버지는 노름과 알코올중독으로 평생을 사셨습니다. 어머니는 마흔둘에 저를 막둥이로 얻으셨고, 나이 차이가 많이 나는 형과 누나는 결혼해서 일찍 출가했습니다. 그래서 부모님과 저 셋이서 단칸방에서 살았습니다.

제가 초등학생 때 아버지는 매일 저녁 7시만 되면 함께 노름하던 여덟 명의 아저씨들을 집으로 데려오셨습니다. 그 시간부터 새벽 3시까지 단칸방은 노름판이 되었습니다. 정말 고통스러웠던 것은 아저씨들이 피워 대는 담배 연기였습니다. 당시 저희 집의 청정 지역이자

유일한 피난처는 책상 밑이었습니다. 저는 늘 그 밑에 들어가 잠을 청하곤 했습니다.

'오늘 밤엔 아버지가 노름에서 돈을 좀 따셨으면 좋겠다.'

저는 매일 간절히 빌었습니다. 그 이유는 아버지가 노름에서 지시면 새벽 4시에 일하러 나가려고 주무시는 어머니를 노름이 끝난 새벽 2시쯤에 깨우셨기 때문입니다. 그러고는 살림에 대해 잔소리를 늘어놓기 시작하면서 어머니에게 폭력을 행사하셨습니다. 매일같이 계속되는 아버지의 폭력으로 어머니는 피를 흘리셨습니다. 그런 아버지의 폭력을 보며 자란 제 마음속에는 상처와 분노가 쌓여 갔습니다.

한번은 아버지가 어머니를 너무 심하게 때리셔서 아버지의 손을 붙잡고 외쳤습니다.

"아버지! 어머니 이제 그만 좀 때리세요!"

아버지는 부끄러우셨던지 어머니를 때리는 것을 멈추셨습니다. 어머니와 저는 안심하며 함께 잠을 청했는데 갑자기 부엌에서 이상한 소리가 들려왔습니다.

"슥, 슥-."

그것은 바로 아버지가 칼을 가는 소리였습니다. 아내를 때리는 것을 막내아들이 막아서 자존심이 상하셨던 것입니다. 천만다행으로 책상 뒤편에 쪽문이 하나 있어서 서둘러 도망을 칠 수 있었습니다. 때는 한겨울이었지만 저는 아버지의 감정이 누그러질 때까지 기다리고 기다렸다가 집에 다시 들어갔습니다.

그런데 그런 날이 하루이틀이 아니었습니다. 저는 아버지의 폭력적인 모습을 보면서 어느 사이엔가 그런 아버지를 닮아 가게 되었습니다. 초등학교 6학년 때부터 손버릇이 나빴습니다. 가끔 다른 집 옥상에 널린 옷과 신발을 훔치거나 슈퍼마켓에서 돈과 먹을 것을 훔치곤 했습니다.

한번은 울산의 한 슈퍼마켓에서 테니스 가방 속에 초콜릿 300개를 훔치다가 주인에게 걸렸습니다. 경찰과 담임선생님이 오시고, 부모님 대신 형이 왔습니다. 제 나이가 너무 어려 가정에서 교육을 잘하라는 당부와 함께 결국 훈방 조치되었습니다.

화가 많이 난 형은 저를 동네 우물가로 끌고 갔습니다.

"옷 다 벗어!"

제가 옷을 다 벗자 형은 우물에서 물을 한 바가지 길러서 제 몸에 뿌렸습니다. 저는 심하게 혼날 것 같아 두려움에 떨고 있었습니다. 세 시간 동안 형은 전깃줄로 제 온몸을 때렸습니다.

"너 내일부터 교회 안 나가면 가만두지 않겠어."

형도 교회를 안 나가면서 제게 한 말이었습니다. 교회 나가면 좋은 사람이 된다는 말을 형이 어디서 들었던 것 같습니다. 막냇동생인 제가 자기를 닮을까 봐 두려운 마음에 그렇게 말한 듯합니다. 그리고 이어서 말했습니다.

"헌금 걱정은 하지 마. 내가 줄게."

그래서 그때부터 강제로 혼자 교회를 나가기 시작했습니다. 그런데 놀랍게도 교회는 저희 집 분위기와 정말 달랐습니다. 당시 저보다 몇 살 많은 누나들이 저더러 '형제님'이라고 부르는 것이었습니다. 그런 교회 문화가 제게는 너무나 생소했지만 제 영혼 깊숙한 곳에서 그 말을 또 듣고 싶은 마음이 일었습니다. 제 안에 사랑에 대한 갈급함이 있었던 것입니다. 그렇게 교회에서 따뜻함을 느낀 뒤로 저는 지금까지 교회를 한 번도 빠진 적이 없습니다.

인생을 변화시킨 한마디

교회를 다니던 중 설교 시간에 예수님을 열심히, 그리고 바르게 믿으면 하나님이 형통하게 하시고 복을 주신다고 들었습니다. 저는 그 말을 들은 후 복을 받기 위해 교회를 더 열심히 다녔습니다. 그런데 열심히 교회를 다니는데도 형통과 복이 저희 가정에는 찾아오지 않았습니다. 게다가 당시 저는 교회에서 받은 차별로 상처를 입기도 했었습니다.

그렇게 특별한 회심도 없이 의무적으로 교회를 다니던 중·고등학교 1학년 때 이정애 선생님을 만났습니다. 그분은 사람을 차별하지 않고 항상 저를 변함없이 안아 주셨습니다. 저는 그 모습에 저도 모르게 마음의 문을 열었습니다.

"관성아, 나는 사람을 잘 본단다. 너는 크게 될 아이야. 두고 보렴."

이 말은 선생님이 항상 저를 안아 주며 하신 말씀입니다.

"내 인생의 전성기가 너에게 하나님의 말씀을 가르치면서 시작되었단다."

저는 선생님의 이 말씀을 평생 잊을 수 없습니다. 늘 누군가로부터 위로를 받기만 한 제가 누군가에게 힘을 줄 수 있는 존재라는 사실을 한 번도 생각해 본 적이 없었습니다. 선생님의 말씀은 제게 뭉클한 감동과 큰 깨달음을 주었습니다. 그 순간, 선생님 말씀대로 정말 큰 사람이 되어서 선생님을 기쁘시게 해드리고 싶다는 생각이 들었습니다. 사실 신앙적인 목표보다는 인간적인 고마움이 더 컸습니다. 선생님을 통해 제 인생의 의미를 다시 찾은 것입니다. 세에 있어서 이정애 선생님은 부모님보다 더 큰 영향을 주신 분입니다.

그러던 어느 날, 울산에서 열린 한 집회에 참석했다가 설교 말씀이 가슴속 깊이 새겨졌고, 마음에 깊은 평강이 찾아왔습니다. 그때부터 저는 진지하게 신앙생활을 하기 시작했습니다. 하나님을 만난 후 성적이 급상승했고, 놀랍게도 고등학교를 전교 2등으로 졸업했습니다.

주님, 저한테 왜 그러세요?

그렇게 하나님을 만나고 나서 고등학교 2학년 때 신학 공부를 해야겠다는 마음이 들었습니다. 그리고 졸업 후 신학교에 입학했습니다. 아버지는 제가 대학에 붙었다는 것 자체에 매우 기뻐하셨습니다.

당시는 집에서 재정적인 지원을 받기가 어려웠습니다. 감사하게도 울산에 일자리가 많아서 방학 때마다 막노동을 하며 등록금을 마련할 수 있었습니다. 그런데 일과 공부를 병행하다 보니 신학을 공부하는 내내 고통스러웠습니다. 그때 미국으로 유학을 가야겠다는 생각이 들었습니다.

미국 비자를 받기 위해서는 재정 보증을 서 줄 사람이 필요했습니다. 제게는 그런 분이 계시지 않았고, 결국 미국 유학을 포기하고 말았습니다. 다행히 그때만 해도 영국은 영국 공항에서 학생 비자를 바로 받을 수가 있었습니다. 그 사실을 알고 용기를 내 영국 유학길로 방향을 틀었습니다.

영국 유학길에 오를 당시 아내와 제 수중에는 300만 원이 전부였습니다. 영국행 비행기 표 값을 내고 남은 돈은 고작 16만 원이었습니다. 저희 부부의 영국 유학 생활은 그렇게 시작되었습니다. 월세가 200만 원이어서 저희 집에 한인 14명이 함께 모여 살며 집값을 나누어 내기도 했습니다. 그런 열악한 환경 속에서도 감사하게 두 아이가 태어났고 자랐습니다.

어렵게 시작한 영국 생활이 끝날 때쯤 어느 날 제 마음속에 회의감이 들었습니다.

'하나님이 내 평생에 살아오면서 부어 주신 은혜는 과연 무엇인가?

왜 내 인생은 항상 어렵고 곤고한가?'

그때까지 하나님을 믿으면서 제 가슴 한편에 있었던 답답함과 의문들이 터져 나오기 시작했습니다.

'이 땅에서 예수님을 믿음으로 누리는 기쁨은 과연 무엇인가? 죽어서 천국 가는 것 외에 이 땅에서 하나님의 도우심을 실질적으로 어떻게 느낄 수 있는가? 나는 없지 않은가!'

하지만 당시 저는 전도사였기 때문에 어쩔 수 없이 답을 찾지 못한 채 책임감으로 주어진 길을 걸었습니다. '이 세상의 수많은 사람이 나처럼 고통 속에서 살아가고 있다. 나처럼 신앙으로 이겨 보려고 하지만 바뀌지 않는 현실에 목 놓아 우는 사람이 많다' 하고 스스로 달래면서 말입니다.

그러던 중 떠밀리듯 교회 개척을 하게 되었습니다. 부족한 재정으로 작은 학원을 빌려 시작했는데, 그때는 왠지 초라하게 시작하는 그곳에 하나님이 복을 주실 것만 같았습니다. 그렇지만 그것은 저만의 착각이었습니다. 기대와 달리 개척 교회의 현실은 만만치 않았기 때문입니다.

시간이 흐르면서 하나님의 백성이 이 땅에서 누리는 은혜에 대한 고민은 점점 더 깊어져 갔습니다. 무엇보다 아침에 눈을 뜨면 할 일이 없는 것이 제게는 가장 고통스러웠습니다. 다른 사람을 위해 열심히 기도해 봐야 5분이면 끝났기 때문입니다. 그래서 저는 3년간 집 앞에 있는 도서관에 매일 다녔습니다.

그렇게 힘든 시기를 보내다가 현재 섬기고 있는 덕은침례교회에 청빙을 받게 되었습니다. 사실 당시 저희 가정은 경제적으로 매우 힘든 상황이었기 때문에 사택이 있다는 말을 듣고 주저하지 않았습니다. 지극히 인간적인 생각에 청빙에 응한 것이었습니다.

그런데 나중에 알고 보니 사택이 교회 지하에 있었습니다. 아무도 살지 않는 빈 지하는 온갖 벌레들로 뒤덮여 있었습니다. 지하다 보니 비가 올 때마다 침수가 되었습니다. 게다가 화장실이 없어서 항상 교회 공용 화장실을 사용해야 했습니다.

'아, 주님! 주님은 소명을 주시지 않았는데 저 혼자 착각해서 이 길로 왔군요. 이제는 평범하게 살고 싶습니다.'

솔직히 목회를 시작한 지 1년 정도 지나자 수많은 시련에 사명의 길을 포기하고 싶었습니다.

실패도 사용하시는 하나님

그러던 어느 날 제 모든 생각을 바꾸어 준 사건이 일어났습니다. 아들 지호가 고양시 글짓기 대회에 나가더니 우승을 했고, 이후에 경기도 대회에도 나가 입선을 해서 돌아왔습니다. 저는 전혀 기대하지도 않았는데 상을 타 온 아들에게 놀라서 물었습니다.

"지호야, 나가서 도대체 무슨 글을 썼기에 상을 타 왔니?"

아들은 잠시 생각하더니 의기양양하게 답했습니다.

"아빠, 초등학교 글쓰기는 띄어쓰기, 맞춤법, 글 쓰는 기술이 중요한 게 아니고 심사위원 선생님한테 감동을 줘야 해요. 제가 쓴 글의 제목은 '홍수와 요강'이에요."

놀랍게도 아들은 여름에 침수된 사택과 화장실이 없어 요강을 사용하는 가족들의 이야기를 썼던 것입니다! 이 사건을 통해 저는 하나님의 뜻을 깨닫게 되었습니다.

'아! 나는 힘들다, 실패했다고 생각한 삶의 내용도 다른 사람을 섬기고 하나님의 영광을 드러내는 재료가 될 수 있구나!'

그 사건을 만나고 하나님 앞에 고백했습니다.

"하나님, 앞으로 저에게 주어지는 삶이 지금과 같이 초라하고 답답한 길일지라도 찬송하면서 끝까지 걸어가겠습니다."

물론 그런 결단이 있은 후로도 상황은 변하지 않았습니다. 사택은 구조적으로 손보기 힘든 곳입니다. 그런데 정말 감사하게도 하나님은 저희 가족에게 '적응'이라는 특별한 은혜를 주셨습니다. 처음에 사택에 들어갈 때는 딸아이가 바퀴벌레를 보면 소리를 질렀는데, 얼마 전에 보니 벌레를 잡아 오빠에게 자랑스럽게 보여 주는 것이었습니다. 아이들이 시련에 잘 적응하는 모습을 보니 참 감사합니다. 그리고 지하 사택에 살아서 장점이 있습니다. 바로 겨울에는 따뜻하고 여름에는 시원하다는 점입니다. 제가 처한 환경이 바뀌지는 않았지만 불편한 마음이 사라진 것이 은혜입니다.

저는 이제까지 알아주는 사람 없이 살아왔는데, 어느 날 SNS에 글을 올리기 시작하면서부터 많은 사람의 관심과 사랑을 받게 되었습니다. 그것이 목회의 새로운 지평을 열었다고 해도 과언이 아닙니다. 매일 새벽 기도회를 다녀와서 A4 두 장 정도의 글을 SNS에 올렸습니다. 어린 시절에 제가 받았던 아픔들과 예수님을 믿고 하나님을 열심히 섬겼는데도 불구하고 좌절했던 고난들을 무덤덤하게 써 내려갔습니다.

그러다 한번은 친구에게 전화가 걸려 왔습니다.

"SNS에는 원래 글을 짧게 올려야 사람들이 관심을 가지는 거야. 그렇게 긴 글을 누가 새벽에 보겠니?"

그런데 전혀 예상치 않게 많은 사람이 뜨거운 반응을 보여 주었습니다. 15일 동안 2천여 명의 친구 신청이 들어온 적도 있었습니다. 그렇게 쌓인 원고들을 한 출판사에서 보고 책으로 출간하자는 제안을 했습니다. 그 책이 첫 번째 책인 『본질이 이긴다』이고, 이어서 두 번째 책이 『살아 봐야 알게 되는 것』입니다.

> "하나님 앞에 목사로 살겠다고 서원한 후 목회를 준비하면서 선한 열매를 소망했지만, 내면 깊숙한 자리에는 나의 영광의 성을 멋지게 쌓아 보고 싶은 마음이 간절했습니다. 한마디로 심각한 병에 걸린 것입니다. 많은 시간을 방황했습니다. 어느새 이 길에 실패처럼 보이는 사역이 주어지더라도 그것을 신실하

게 감당하고 싶은 종의 마음이 자라기 시작했습니다."

_ 『본질이 이긴다』 중에서

"귀와 손등을 이태리타월로 아플 때까지 씻기시면서 막내아들인 저 때문에 도망가지도 못한다고 말씀하시던 모습. 도둑질하다가 잡힌 날 슈퍼마켓 아저씨에게 나 대신 머리 조아리며 비시던 모습. 전도사 시절, 둘이 살 때 난방 할 돈이 없어서 둘이 꼭 안고 자던 겨울날 새벽에 기도회 간다고 찬물에 머리 감는 아들 보고 미안해하며 우시던 모습."

_ 『살아 봐야 알게 되는 것』 중에서

아버지는 제가 대학교 1학년 때 간암으로 돌아가셨고, 어머니는 2013년에 돌아가셨습니다. 어머니께 성공한 모습을 보여 드리고 싶었는데, 책을 출간하고 받은 인세로 어머니가 좋아하시던 단팥죽도 사 드리고 싶었는데 아쉬움이 많이 남습니다.

어떤 상황이든 적응할 수 있는 은혜를 주신 하나님께 감사하며, 앞으로도 하나님이 주신 사명을 담담하게 감당해 나가는 제가 되었으면 좋겠습니다. 아침에 눈을 떴을 때 저를 찾아오는 평범한 일상 속에서 하나님을 사랑하고 경외하는 마음으로 사는 목회자가 되기를 기도합니다.

양영자 / 전 탁구 국가 대표 및 몽골 선교사

1986년 서울아시안게임 단체전 금메달,
1987년 세계탁구선수권 복식 금메달,
1988년 서울올림픽 복식 금메달을 딴 금메달리스트 양영자 전 탁구 선수.
은퇴 후 탁구 지도자의 길을 가다가 심각하게 걸리게 된 우울증…….
하나님의 은혜로 축복 속에서 결혼하고 남편과 함께 몽골 선교사의 길을 갔다.
몽골에서 탁구 선교를 남편은 문서 선교를 하며 하나님의 은혜를 경험하고
15년의 선교 사역을 마치고 한국에 돌아온 양영자 선교사,
오늘도 그녀는 하나님 따라 걸어간다.

Rejoice Everyday

탁구 여왕의 몽골 일기

탁구의 여왕

저는 초등학교 3학년 때 탁구를 시작했습니다. 그리고 중학교 2학년, 한창 국가 대표의 꿈을 꾸고 있던 어느 날, 팔에 부상을 당했습니다. 테니스 엘보 증상이었습니다. 테니스 엘보란 테니스, 골프 등의 운동을 심하게 하거나 직업상 팔을 많이 쓰는 사람에게 발생하는 팔꿈치 관절 통증을 말합니다. 저는 통증이 너무 심해서 팔을 올리거나 내리지도 못할 정도로 아팠습니다. 정형외과 선생님은 제게 절망적인 이야기를 하셨습니다.

"탁구를 안 하면 괜찮을 거예요."

하지만 저는 국가 대표의 꿈을 가지고 있는 사람으로서 탁구를 그만둘 수는 없다고 생각했습니다. 그때 마침 진통 주사를 맞으면 괜찮다는 이야기를 듣고 아플 때마다 진통 주사를 맞았습니다. 한 번 맞으면 6개월간 효과가 있었기 때문에 저는 6년간 진통제를 맞으며 선수 생활 기간을 버텼습니다. 진통 주사 덕분에 선수 생활을 하며 국가 대표의 꿈을 이룰 수 있었지만, 시간이 지나자 언제부턴가 진통제가 전혀 효과가 없었습니다.

이제 그만두는 것 외에 다른 수가 없다며 좌절하고 힘들어하는 가운데 한 동료 선수의 어머니가 기도원에 가서 기도를 해보라고 권하셨습니다. 사실 저는 어렸을 때부터 교회를 다녔지만 예수님을 영접한 적은 없었습니다. 단지 어느 기도원에 가서 안수 기도를 받으면 나을 수도 있다는 말에 귀가 솔깃해서 처음 기도원을 방문하게 되었습니다.

그때까지만 해도 기도원은 안수 기도만 하는 곳인 줄 알았는데 목사님이 말씀을 전하시는 것을 듣게 되었습니다. 복음에 관한 말씀이었는데, 예수님이 저를 위해 십자가에 달려 죽으셨다는 사실이 마음으로 믿어졌습니다. 이전부터 교회를 다니긴 했지만 마치 복음을 처음 듣는 듯 마음이 찔렸고, 저는 눈물과 회개로 예수님을 영접했습니다. 그리고 안수 기도를 받았습니다. 그런데 정말 놀랍게도 6년간 아팠던 팔이 한순간에 치유되는 기적을 체험했습니다.

'하나님이 죽을 수밖에 없는 나도 구원해 주시고, 아팠던 팔도 낫게

해 주셨구나! 받은 큰 은혜를 평생 하나님께 어떻게 보답할 수 있을까?'

그때 제 나이가 열아홉이었는데, 하루아침에 제 가치관이 완전히 바뀌었습니다. 전에는 단지 훌륭한 탁구 선수가 되어서 명예로운 사람이 되고 싶었습니다. 그런데 이제는 하나님이 제게 주신 탁구라는 달란트로 하나님께 영광을 돌리고 싶다는 생각이 들었습니다.

하나님의 은혜로 팔이 완전히 회복되어 훈련에 다시 임했는데, 1년 후 청천벽력 같은 소식을 들었습니다. 간염이 저를 찾아온 것이었습니다. 저는 간염으로 다시 한 번 선수 생활에 위기를 맞았습니다. 하루를 무리해서 훈련하면 이틀을 쉬어야 할 정도로 몸이 많이 약해졌고, 매일 두통 때문에 힘들었습니다. 그처럼 좋지 않은 상태에서 시합에 출전하다 보니 실패도 많이 했습니다.

"병자가 된 양영자, 노장이 되다."

매스컴이 저에 대해 전하는 소식들을 보고 들으며 마음이 더 힘들었습니다. 그렇게 한창 사기가 떨어졌을 무렵 제게 큰 힘이 되어 준 말씀이 있습니다.

> "대저 의인은 일곱 번 넘어질지라도 다시 일어나려니와 악인은 재앙으로 말미암아 엎드러지느니라"(잠 24:16).

저는 이 말씀을 의지해 다시 일어났고, 올림픽까지 출전하게 되었습니다. 하나님의 은혜로 1986년에 서울아시안게임 단체전 금메달, 1987년에 세계탁구선수권 복식 금메달, 그리고 1988년에 서울올림픽 복식 금메달을 따서 총 3연승을 할 수 있었습니다. 당시 훌륭한 믿음의 동역자인 현정화 선수와 함께 복식을 했습니다. 저희는 늘 함께 기도하고 시합에 임했습니다. '환상의 복식조'라고 불릴 정도로 둘이 호흡이 잘 맞았습니다. 탁구는 순발력이 필요하고 예민한 운동인데, 신앙의 힘으로 평정심을 잘 유지할 수 있었습니다.

은퇴 후 지도자의 길

저는 하나님의 은혜로 1988년 올림픽을 잘 마치고 나서 지도자의 길을 가게 되었습니다. 탁구 지도자로서의 뚜렷한 목적이 있었던 것은 아닙니다. 단지 주변 사람들의 권유로 지도자 생활을 등 떠밀리듯이 시작했습니다. 오전에는 탁구를 지도하고, 야간에는 체육학과를 다니면서 이론과 실기를 겸비하기 위한 삶을 살았습니다.

그런데 지도자 준비 과정 중에 영적으로 점점 메말라 가는 저 자신의 모습을 발견했습니다. 슬럼프가 온 것입니다. 사람들이 보기에 저는 지금까지 큰 문제없이 잘 지내 왔고, 앞으로도 탄탄대로로 잘 지낼 것 같았지만, 정작 저는 전혀 행복하지 않았습니다.

'도대체 내가 왜 이것을 해야 하는 거지?'

삶은 늘 바빴고, 교회에서 간증 요청도 많이 들어왔지만 저는 신앙에 집중하지 못하고 점점 더 마음이 힘들어졌습니다. 그러던 어느 날 어머니가 간암으로 투병하다 돌아가셨습니다. 그 후 우울증이 심해졌습니다. 아침에 해가 떠서 새로운 하루가 시작하는 것도, 사람을 만나는 것도 모두 싫어졌습니다.

많이 힘든 가운데 지인이 교회 집사님이신 영동세브란스병원 정신과 선생님을 소개해 주어서 상담을 받게 되었습니다. 선생님은 제가 우울증이 매우 심각하다고 진단을 내리셨습니다. 어떤 때는 우울증이 너무 심해 상담을 받으러 병원에 갈 수조차 없었는데, 선생님이 직접 집을 방문해 치료해 줄 정도로 헌신적이셨습니다. 나중에 알고 보니, 선생님은 '우울증이 회복되면 하나님의 일을 할 것 같다'는 생각이 들어서 최선을 다하셨다고 합니다. 그분은 늘 헌신적인 상담이 끝나면 기도를 해 주셨고, 덕분에 저는 잘 회복될 수 있었습니다.

제가 메달을 따고 하나님께 영광 돌리는 모습을 본 사람들은 제 믿음을 좋게 봐 주었습니다. 하지만 사실 저는 믿음이 그렇게 좋지는 않았습니다. 우울증을 통해 제 믿음이 부족하다는 사실을 확인할 수 있었습니다. 당시 정신과 상담과 더불어 진행한 성경 공부가 제게 큰 도움을 주었습니다. 말씀을 잘 묵상할 수 있도록 하나님이 인도자를 붙여 주셨습니다.

"사람이 흑암과 사망의 그늘에 앉으며 곤고와 쇠사슬에 매임은 하나님의 말씀을 거역하며 지존자의 뜻을 멸시함이라"(시 107:10-11).

성경 공부 첫날 말씀을 보면서 흑암과 사망의 그늘에 앉아 있는 제 모습과 같다는 생각이 들었습니다. 저는 그동안 하나님을 사랑하며 믿은 것이 아니라 탁구를 잘하기 위해 하나님을 믿은 것이었음을 깨달았습니다. 시편 말씀을 묵상함으로써 우울증의 원인을 발견하게 된 것입니다. 또한 모압 자손에 대한 말씀을 공부했는데, 그들이 교만해 멸망할 수밖에 없었다는 내용이었습니다. 거울로 비춘 듯 제가 그 말씀과도 닮아 있다는 생각이 들었습니다. 그렇게 매일 말씀 묵상을 통해 제 자아가 조금씩 회복되기 시작했습니다.

몽골을 품은 선교사

그즈음 남편을 만났습니다. 처음에 남편은 같은 교회 청년부여서 얼굴만 아는 사이였습니다. 남편은 청년 시절에 연합 통신 기자로 일했는데, 어느 날 자카르타에 처음 나가게 되었습니다. 우연히 다른 한국 사람들과 함께 식사할 기회가 생겨 그 자리에 갔는데, 때마침 자카르타에 있던 저도 그곳에 갔다가 남편을 보았습니다.
'어? 우리 교회 청년이잖아?'

외국에서 저희는 그렇게 우연히 만나게 되었고, 자연스럽게 연인으로 발전했습니다. 하지만 교제하던 당시 제가 우울증이 있었기 때문에 데이트다운 데이트를 하지는 못했습니다. 남편은 항상 새벽 기도회에 나가 저를 위해 기도해 주었고, 묵상을 나누면서 제 우울증 치료에 도움이 되어 주었습니다. 하나님이 연결해 주신 소중한 만남을 통해 제 영적 갈급함이 채워지기 시작했습니다. 그리고 저희는 하나님의 축복 속에서 결혼식을 올렸습니다.

　결혼 후 남편은 회사에 다니면서 직장부 성경 모임에 참여했는데, 그 시간을 통해 선교사에 대한 비전을 갖게 되었습니다. 그 후 매일 묵상을 하면서 더욱 선교사가 되기를 소망하게 되었습니다. 남편뿐만 아니라 사실 저도 선수 생활을 할 당시 탁구를 통해 선교를 하겠다는 꿈을 품고 있었습니다. 하지만 우울증이 심해지면서 결혼을 생각하지 못하게 되었고, 자연스럽게 선교사가 되는 것도 포기했던 터였습니다. 그렇지만 우울증이 회복되면서 남편과 비전이 일치하는 것을 깨달은 후 함께 선교를 하기로 결심했습니다.

　당시 몽골은 공산국가에서 개방된 시기였는데, 그때 복음을 전하면 좋겠다는 남편의 권유로 몽골을 선교지로 정했습니다. 1년 전부터 세계지도를 펼쳐 놓고 여러 나라를 놓고 기도하고 있었습니다. 그러던 중 몽골 사람이 저희 집에 잠시 머문 적이 있었는데, 그 일이 몽골을 선교지로 결정하는 데 결정적인 계기가 되었습니다. 최대한 많은 일을 하며 헌신할 수 있는 선교지에 가기를 소망했기 때문입니다.

남편은 내몽골의 수직 문자로 성경을 직접 번역했습니다. 처음에 몽골에 갔을 때는 몽골어를 전혀 모르는 상태였는데 언어를 배우면서 2006년에 하나님의 도우심으로 성경을 만들게 되었습니다. 몽골에서 남편은 문서 선교를 하고, 저는 탁구 선교를 했습니다. 몽골 사람 이은혜 자매와 이시은 자매는 몽골에서 발탁한 몽골인 탁구 선수입니다. 현재 한국인으로 귀화해 국가 대표의 꿈을 키우고 있습니다. 두 선수의 목표는 금메달을 따서 하나님께 영광 돌리는 삶을 사는 것입니다.

제가 선교사로 섬기면서 가장 힘들었던 것은 문화가 다른 현지인을 사랑하는 것이었습니다. 한번은 갑자기 얼굴 한쪽에 안면마비가 심하게 왔습니다. 그래서 열 시간 걸려 수도에 있는 병원에 갔습니다. 바이러스가 원인이라서 약을 먹으면 낫는다고 했지만 약을 먹고 두 달이 지나도 회복되지 않았습니다.

"여보, 평생 입이 삐뚤어져도 나는 오직 당신만을 사랑하니까 걱정하지 마요."

남편의 사랑 고백이 제게 큰 위로가 되었습니다. 걱정 가운데 지내던 어느 날, 제 마음을 울리는 말씀을 읽었습니다.

"우리가 환난당하는 것도 너희가 위로와 구원을 받게 하려는 것이요 우리가 위로를 받는 것도 너희가 위로를 받게 하려는 것이니 이 위로가 너희 속에 역사하여 우리가 받는 것 같은 고난을 너희도 견디게 하느니라"
(고후 1:6).

환난을 통해서 하나님의 위로를 받고, 또 환난당하는 이를 위로해야 한다는 말씀이었습니다. 저는 그 말씀을 읽으며 몽골에 기쁜 마음으로 선교하러 갔는데 정작 그곳에서는 마음의 문을 꽁꽁 닫고 있었던 제 모습이 부끄러웠습니다. 하나님은 말씀을 통해 섬기는 자의 본분을 깨닫게 해 주셨습니다.

'그래, 내가 얼마나 하나님의 사랑을 많이 받았는데 이러고 있을 때가 아니지!'

저는 그 후부터 열심히 심방하고, 현지인들에게 가까이 다가가 최선을 다해 선교했습니다. 몽골 선교를 잘 마치고 오게 해 주신 하나님께 정말 감사드립니다.

몽골족은 전 세계적으로 90만 명 정도 흩어져 살고 있습니다. 저는 그들이 하나님의 말씀을 가지고 개인과 사회를 개혁시키는 민족이 되기를 늘 기도하고 있습니다. 그리고 하나님이 저희 가정을 부르시는 곳에 늘 순종하고 따르며 살기를 간절히 소원합니다.

윤일상 / 작곡가

대중가요 최다 히트 작곡가, 윤일상.
그는 김건모, 박지윤, DJ.DOC, 김범수, 이은미, 쿨, 이승철, UN, 터보 등의
유명한 가수들을 빛내 준 국내 최고의 히트곡 제조기다.
4살 때 피아노를 배우고, 6살 때 작곡을 하고, 19살 때 작곡가로 정식 데뷔.
한국연예대상 작곡상, SBS 최고 작곡가상, MBC 방송연예대상 특별상 등을 받은
그는 하나님의 영감 안에서 창작한 음악으로
대중을 사로잡은 대한민국 대표 작곡가다.
하나님이 기뻐하시는 음악을 만들기 위해 그는 오늘도 피아노 앞에 앉아 있다.

빛을 만난 그 순간

음악 차트를 휩쓴 어린 작곡가

저는 네 살에 피아노를 배우고 여섯 살에 처음으로 작곡을 했습니다. 외삼촌은 유명한 드라마 음악 감독이셨고, 외가 식구들은 모두 클래식 장르의 음악가 집안입니다. 그래서 자연스럽게 음악을 접한 것 같습니다.

초등학교 5학년 때 비틀즈를 알게 되면서 처음 대중가요를 작곡했습니다. 팝을 처음 접한 후에는 록 음악을 통해 더 깊이 음악에 심취했습니다. 저는 어린 시절부터 매일 이어폰을 귀에 꽂고 가사를 썼는데 음악이 곧 제 삶이었습니다.

그러면서 그림도 많이 그렸습니다. 그때는 음악보다 그림으로 받은 상이 더 많았던 것 같습니다. 당시 그림 실력이 뛰어나서 선생님들께 의심을 받기도 했습니다. 지금 생각하면 하나님이 예술 분야에 달란트를 주신 것 같습니다. 그 시절에는 음악 쪽으로는 재능을 많이 드러내지 않았고 친한 친구들끼리 일일찻집에서 밴드를 했습니다.

그러다가 기회가 찾아와 열아홉 살에 작곡가로서 정식으로 데뷔했습니다. 사실 데뷔 이전부터 작곡 활동을 많이 했는데 음악계에 소문이 돌아서 섭외가 들어온 것이었습니다.

쿨, DJ. DOC, 영턱스클럽, 이승철, 김건모 등의 가수와 작업했습니다. 미스터 투의 「난 단지 나일 뿐」(1993), 쿨의 「운명」(1996), 김범수의 「보고 싶다」(2002), 이은미의 「애인 있어요」(2005), 뮤지컬 서편제의 「살다 보면」(2010) 등 다양한 장르의 음악을 작곡했습니다. 그때 제가 작곡한 음악들이 인기를 많이 얻어서 1990년대 중반에 모든 음악 차트를 섭렵했습니다. 정말 감사하게도 순위권 10곡 중에 8곡이 올라간 적도 있었습니다.

하나님, 죄송합니다

저는 모태 신앙으로 자랐습니다. 제가 기억하는 교회의 첫 모습은 교회 안에 있던 빨간 방석인 것 같습니다. 네 살 즈음 작은 교회를 다니던 제가 빨간 방석을 꺼내 할머니를 앉혀 드렸던 기억이 어렴풋이 납니다.

그렇게 어린 시절부터 신앙생활을 꾸준히 해오다 중학생 때 록 음악에 빠져 지냈습니다. 그런데 당시 부흥회에서 선생님들이 록 음악은 들으면 안 된다고 말씀하셨습니다. 그때는 반항심이 생겨서 록을 더 들었던 것 같습니다.

고등학교 2학년 때는 염세주의 철학에 빠졌습니다. 자세한 의미도 모르는 채 빠져 있었던 것 같습니다. 청소년기에 반항심이 많았던 저는 어느 날, 기독교에 관한 질문을 들고 한 목사님을 찾아갔습니다.

"믿음이 없으면 안 되는데 왜 자꾸 이런 걸 물어보니? 뭐든지 믿음이 있어야 된다."

그 당시 저는 목사님으로부터 제가 원하던 대답을 제대로 들을 수 없었습니다. 저는 이렇게 과학적이지 않은 종교가 어디에 있나 싶었습니다. 그래서 그때부터 20대 초반까지는 하나님을 멀리하게 되었습니다. 그리고 스무 살 즈음 작곡가로 세상에 알려지던 시기에 저는 하나님을 완전히 부정했습니다.

"내게는 음악이 신이다. 나는 음악이라는 종교를 믿는다."

저는 음악을 신으로 받들며 주변의 전도를 거부했습니다.

그런데 그 시기는 모함을 받으며 힘든 일을 겪고 있을 때였습니다. 국세청, 경찰청, 검찰청에 계속 드나들 수밖에 없었습니다. 모든 사람이 의뢰하는 일을 다 할 수는 없었기에 저에게 거절당한 사람들과 제가 돈이 많은 줄 알고 편취하고 싶어 했던 사람들, 그리고 제 공을 가로채려 했던 사람들이 계속 모함했습니다. 모두 무혐의 사건이었습니다. 극악한 상황이 힘들어서 더는 살고 싶지 않다는 생각에 자살을 생각하기도 했습니다. 저는 벼랑 끝에서 저도 모르게 외쳤습니다.

"하나님, 살려 주세요!"

모든 것이 최악이었던 상황에 절박한 마음으로 한 교회를 찾아가게 되었습니다. 그리고 그 교회에서 말로 표현할 수 없는 기쁨과 경이로움을 느꼈습니다.

"하나님, 죄송합니다. 하나님, 죄송합니다."

예배 내내 속으로 그렇게 기도했습니다. 예배 후 제 어깨에 하나님이 손을 올려 주시는 듯한 느낌이 들었습니다. 그렇게 하나님을 만났고, 항상 공기처럼 하나님이 제 곁에 계셨는데 제 멋대로 살았다는 것을 뒤늦게 깨달았습니다. 그 후 일주일에 여러 번 교회 예배와 기도 모임을 나가며 신앙생활을 열심히 했습니다.

당시 한 작곡가의 곡이 너무 많이 나온다는 이유로 방송에서 금지될 뻔한 곡들이 있었습니다. 그때는 방송국이 너무 싫어서 미국으로 여행을 떠났습니다. 미국에 도착했는데 눈앞에 펼쳐진 지평선을 보고 넓은 세상을 새삼 느꼈습니다. 그러면서 하나님이 보내신 목적을 깨닫게 되었습니다. 정말 작고 작은 제가 앞으로 해나갈 일들이 많다는 것을 느꼈습니다.

여행 가기 전의 저는 항상 다른 사람 탓을 했었습니다.

'누구 때문에 내가 이렇게 되었어.'

그런데 사실 알고 보니 지난 잘못들의 원인이 바로 저였다는 것과 무조건 겸손해야 한다는 것을 깊이 느꼈습니다. 그 후부터 일이 정말 잘 풀리기 시작했습니다. 하나님을 만난 후 모든 문제가 거짓말같이 하나씩 해결되기 시작한 것입니다. 그 뒤로 저는 계속 하나님을 의식하며 살게 되었습니다.

저는 연예인 신앙공동체인 미제이(M.E.J)에서 활동했습니다. 미제이에 들어가기 전에는 하나님께 죄송스런 마음에 저 자신을 위한 기도를 할 수 없었습니다. 하나님을 부정했던 시간, 믿음을 의심했던 시간이 마음에 걸렸기 때문이었습니다.

그러던 어느 날, 한 형님이 작업실에 와서 기도를 해 주셨는데 고민이 있으면 이야기해 보라고 하셨습니다.

"저에 대한 기도가 안 나와요. 그런데 너무 기도하고 싶어요. 안 나오는데 어떻게 해야 합니까?"

그 말을 들은 형님은 가족 이야기를 들려주셨습니다.

"자식을 향한 부모의 사랑의 크기는 같겠지만, 표현을 더 많이 한 자식한테 부모도 표현을 많이 하게 된단다. 하나님도 똑같으시다. 사사로운 것들도 기도해라."

그래서 그때부터 기도를 대화하듯이 해보았습니다. 특히 차를 타고 운전하면서 많이 기도할 수 있었습니다. 그렇게 하나님과 친해지고 미제이에 들어가게 되었습니다.

언젠가 구약 성경 공부를 하는데 성경 속의 무서운 하나님을 보면서 복잡한 심경으로 기도를 드렸습니다. 그 순간, "아직 멀었다. 신앙에 교만하면 안 된다"고 하나님이 말씀하시는 것 같았습니다. 그러면서 신앙으로 경쟁하고 개인의 신앙을 앞세우는 듯했던 모습을 미제이 공동체에서 보게 되었습니다. 하나님과의 친밀함 가운데 저도 모르게 교만이 자랐던 것 같습니다. 하나님과 친밀하지만 그분이 경외해야 하는 존재이심을 잊지 않는, 즉 신앙적인 균형이 정말 중요하다는 것을 깨달았습니다.

작곡, 하나님의 영감

저는 하나님을 만나고 나서 제가 100% 하나님이 주신 영감으로 작곡한다는 것을 깨달았습니다. 떠돌아다니는 영감을 음악으로 표현하도록 하나님이 달란트를 주신 것 같습니다. 그래서 저 혼자만의 창조가 아닌 하나님이 주신 것을 전달하는 역할을 하려고 계속 노력하고 있습니다. 그 일을 더 잘하려면 쉬지 않고 공부하며 노력해야 한다고 생각합니다. 그래서 작곡을 하면서 하나님 앞에서 겸손해질 수밖에 없습니다.

앞으로 하나님을 표현한 곡들을 많이 선보일 예정입니다. 사실 하나님을 생각하고 쓴 곡들 중에 현재 잘 알려진 곡들도 있습니다. 그런데 곡의 원래 의미를 알려 주면 그 곡을 좋아했던 분들께 혹시 해가 될 수 있으니 모두 알리지는 않겠습니다. 하나님을 생각하며 만든 곡에 가사가 다르게 입히더라도, 그 의미를 설명하지 않더라도 찬양임을 느끼는 사람들이 있었습니다. 그 곡을 듣고 하나님의 은혜를 받았다는 메일을 받았는데 정말 깜짝 놀랐습니다. 「보고 싶다」도 처음에는 CCM으로 제작된 곡이었습니다.

박지윤의 「Joyful, Joyful」(1999)에 대한 일화가 있습니다. 예전에는 앨범에 권장 가요가 삽입되었습니다. 가수 박지윤도 하나님을 믿는 크리스천이어서 마지막에 하나님을 드러낼 수 있는 곡을 실어 보는 게 어떻겠냐고 권해서 수록하게 된 것입니다.

독신주의자에서 쌍둥이 아빠로

사실 저는 결혼 제도 자체를 싫어한 독신주의자였습니다. 그래서 가족과 친척들에게 결혼은 하지 않겠다며 독신을 선포하기도 했습니다.

서른여섯 즈음 되었을 때, 내 분야인 음악이 아닌 다른 분야에서 일하는 사람을 만나 보고 싶었습니다. 그래서 컴퓨터 업계에 종사하는 지인에게 소개를 요청했습니다. 만남이 성사되고 상대의 사진을 보게 되었습니다.

'어! 결혼해야 되겠네.'

독신주의였던 제가 사진을 보자마자 결혼을 다짐하게 된 것입니다. 그래서 소개받은 첫날, 청혼을 했습니다.

"나를 믿고 따라와라."

적극적인 저의 행동에 지금의 아내는 너무 놀라서 만남을 거부했습니다. 하지만 저는 그녀가 분명히 제게 오리라는 확신이 있었습니다.

당시 휴대전화를 바꾸었는데 바뀐 새 번호로 그녀에게 다시 전화를 걸었습니다. 그렇게 다시 연락이 닿았고, 옆에 계신 장모님이 만남을 권유해 주셨습니다.

그때 가수 김건모의 공연이 있었는데 그 친구와 같이 공연을 보자고 만났습니다. 다행히도 그 친구가 저를 정말 좋게 봐 주었습니다. 그래서 교제를 시작하게 됐고, 교제 한 달 반 만에 상견례를 하고 6개월 뒤에 결혼을 했습니다.

2013년에 하나님의 축복으로 남녀 쌍둥이를 선물로 받았습니다. 두 아이의 아빠가 되었다는 사실에 정말 기쁘기도 했고, 기분이 묘했습니다. 아빠로서 강한 책임감이 들면서 앞으로 정말 잘 살아야겠다는 마음도 들었습니다. 두 아이에게 하나님의 사랑을 가득 주며 신앙으로 키워야겠다고 다짐했습니다. 하나님이 주신 사랑을 실천하는 것은 우리의 몫이며 큰 사랑을 주신 하나님께 감사로 보답하는 삶을 살아야 한다고 생각합니다.

평생의 사명

2012년에 하나님이 주신 축복을 누리며 책을 출간하게 되었습니다. 『나는 스무 살이다』라는 책인데, 음악 인생 20주년이 되었을 때 낸 자서전입니다. 저는 음악을 위해 하루에 세 시간만 자며 열정을 쏟아 왔습니다. 제게 있어서 하나님이 공기가 되신다면 음악은 호흡과도 같은 것입니다. 항상 곡을 쓸 정도로 음악 생각을 안 하는 경우가 거의 없습니다. 심지어 잠을 청했다가도 악상이 떠오르면 바로 일어나 작업실에 가서 완성하곤 합니다. 악상이 지나치게 많이 떠올라 심한 두통을 겪기도 합니다.

음악 자체가 제게 스트레스를 준다고 생각하기 시작하면 음악을 싫어할 수도 있을 것 같아서 아내에게는 이야기하지 않았습니다. 창작의 과정에서 겪게 되는 어려움이 많지만 음악은 언제나 사랑스럽고 지금도 피아노 근처만 가면 설렙니다.

음악이라는 한길을 달려온 사람으로서 중요하다고 생각하는 일곱 가지 원칙을 그 책에 담았습니다. 제가 음악을 하며 살아온 삶 속에서 느꼈던 교훈들입니다.

1. 기본기가 인생을 만든다.
2. 업의 본질을 아는 게 우선이다.
3. 즐기면서 일하는 사람이 되라.

4. 엄청난 의지력이 그대를 움직이게 하라.
5. 빨리 가려면 혼자 가고 멀리 가려면 함께하라.
6. 멈추지 않는다면 모든 꿈은 현실이 된다.
7. 돌아서서 후회하지 않는 삶을 살아라.

책을 작업하고 나서 음악에 계속 매진하고 있었던 어느 날, 세월호 사건이 터졌습니다. 그리고 헌정곡인 「부디」를 만들게 되었는데, 당시는 쌍둥이 아이들이 태어난 지 50일쯤 되던 때였습니다. 세월호 관련 기사를 보고 부모의 마음이 느껴져 마음이 무척 무거웠고, 고통당한 학생들의 고통이 깊게 와 닿았습니다. 그래서 자연스럽게 즉흥곡을 만들어 무료로 음원을 배포했습니다. 제가 유일하게 할 수 있는 일이 음악이었기에 음악으로 돕고 싶었습니다.

그리고 작곡할 줄 알았던 한 희생자의 곡을 최근에 편곡하고 그 동생이 노래를 불러 함께 작업했습니다. 그 프로젝트를 통해 세월호와 상관없이 순수하게 그 친구의 곡의 의미를 그대로 전달하기를 소망합니다. 저는 슬프면 안 된다고, 그것이 중요하다고 함께 작업하는 스태프들에게 항상 말합니다. 그러면 그 친구의 좋은 작품에 오히려 해가 될 거라고 생각하기 때문입니다.

2013년에는 개인적으로 힘든 일이 많았습니다. 현재는 엔터테인먼트 사업을 모두 내려놓고 작곡가로 다시 돌아왔습니다. 가수들의 제작자로 사업을 하며 실패를 경험한 뒤 온전한 작곡가로 돌아오니 정말 행복합니다. 제자리로 돌아온 느낌이 들어서 마음이 평안합니다. 하나님이 주신 달란트에만 집중하는 것이 제 평생의 사명이라고 생각합니다.

저는 음악에 대한 특별한 꿈이 있는데, 첫 번째는 100년 이상 기억되는 음악을 작곡하는 것입니다. 두 번째는 작곡한 찬양이 찬송가에 실리는 것입니다. 그래서 현재 찬양을 많이 작곡하고 있고, 하나님이 사용하실 시기를 기도하며 기다리고 있습니다. 앞으로도 늘 하나님과 함께하며 호흡 같은 기도를 하며 사는 제가 되었으면 좋겠습니다.

2

기쁨은
슬픔을
뛰어넘습니다

고난과 도전 속에서도 매일매일 기쁘게 살고 있는
크리스천들의 복되고 아름다운 신앙 고백

배재철
신현준
김신욱
최복이

배 재 철 / 테너

목소리를 잃어버린 천재 테너.
아시아 오페라 역사상 100년에 한 번 나올 목소리로
아시아를 넘어 유럽 오페라 무대를 휩쓴다.
밀라노 베르디 음악원 수석 졸업, 국제 콩쿠르 대회 5회 1등 등
하나님이 주신 달란트로 놀라운 성과를 이루는데……
가장 최고의 순간에 닥친 시련, 갑상선 암으로 목소리를 잃어버린다.
절망 끝에서 하나님의 은혜로 다시 목소리를 되찾은 그는
오늘도 「어메이징 그레이스」를 노래하며 하나님께 영광 돌린다.

Rejoice Everyday

기적을 노래하는 어메이징 그레이스

성가대 소년에서 오페라 가수로

저는 어릴 때부터 교회 성가대에서 노래를 부르며 성장했습니다. 초등학생 때는 노래 부르는 것을 좋아해서 음악 프로그램 「누가누가 잘하나」 방송을 즐겨 봤고, 언젠가는 그 프로그램에 꼭 출연하고 싶었습니다.

용기를 내서 도전해야겠다고 결심한 후 초등학교 4학년 때 독창을 준비했습니다. 놀랍게도 예심에 통과해 꿈에 그리던 텔레비전에 출연할 수 있게 되었습니다. 「별 보며 달 보며」 라는 노래로 무대 위에

섰고, 장려상을 받아서 정말 기뻤습니다. 그렇게 어린 시절 상을 받으면서 운명처럼 노래가 제게 다가와 음악 인생이 시작되었습니다.

중학교에 올라가서는 친구들과 방학 때 성경 공부를 할 정도로 신앙생활을 열심히 했습니다. 한번은 서원 기도를 한 적이 있었습니다. 어떤 부흥회에 참석했는데 선교에 대한 비전이 있는 사람은 일어나서 기도하라고 했습니다. 자연스럽게 자리에서 일어나 서원 기도를 드렸는데, 그 후 그 기도를 까맣게 잊고 살았습니다.

노래를 좋아하던 저는 대학에 입학해서 성악을 전공하면서 노래를 전문적으로 배우기 시작했습니다. 사실 이전까지만 해도 성악가에 대한 구체적인 그림은 없었습니다. 그런데 대학에서 공부하면서 꿈이 계속 커지기 시작했습니다.

대학을 졸업하고 유럽에서 오페라 가수로 활동할 때 사람들이 저를 '아시아 오페라 역사상 100년에 한 번 나올 목소리' 등으로 불러 주셔서 감사했습니다. 지금은 많은 한국 오페라 가수가 외국에서 활동을 하고 있지만, 1990년대 후반만 해도 한국 오페라 가수가 유럽 무대에서 노래하기 힘든 상황이었습니다. 그럼에도 불구하고 무대에서 오페라 가수로서 활동할 수 있었습니다. 또한, 밀라노 베르디 음악원 수석 졸업, 국제 콩쿠르에서 5번에 걸친 1등 등 여러 번의 상을 받게 하신 하나님께서 주신 달란트로 그러한 성과를 이루어내며 음악 인생을 살았습니다.

유럽에서 활동할 때는 형식적인 신앙생활을 했습니다. 도시인 밀라

노에서 살다가 형편상 시골로 옮긴 적이 있었는데, 교회와 거리가 멀어져 교회에 출석하기가 힘들었습니다. 그리고 잦은 주말 공연과 해외 공연으로 인해 자연스럽게 주일 성수가 어려웠습니다. 하나님보다 오페라 가수 생활이 우선순위가 되었던 것입니다. 그러던 중 제게 시련이 왔습니다.

목소리를 잃어버린 테너, 하나님을 찾다

2005년 어느 날, 공연을 마친 다음 날이었는데 성대에 이상이 느껴져서 병원을 찾아갔습니다. 말하는 것도 힘들고 노래가 잘 안 돼서 감기라고 짐작했는데, 의사 선생님이 진단 후에 이렇게 말씀하셨습니다.

"갑상선에 큰 결절이 있습니다."

그래서 급하게 수술 날짜를 잡았습니다. 의사 선생님이 처음에는 암이라는 말은 안 했는데 남자들이 갑상선에 그 정도의 크기로 잡히면 99% 암이라고 들었습니다.

저는 당시 목 부분을 수술하는 것 자체가 굉장히 두려웠습니다. 갑상선 암 수술을 받은 사람들 중에 목소리에 이상이 온 사람이 많다는 것을 알고 있었기 때문입니다.

당시 저는 독일의 오페라 하우스에서 솔리스트로 있었기 때문에 그곳 독일에서 2005년 10월 14일 갑상선 암 수술을 받았습니다.

집도하신 의사 선생님이 성대 신경에 붙어 있던 암세포들을 하나하나 떼어 냈는데 불행하게도 3cm 정도의 성대 신경이 떨어져 나갔습니다. 그래서 오른쪽 성대에 마비가 오기 시작했고 더 이상 소리를 낼 수 없는 상황이 되었습니다.

'아, 내가 하나님이 주신 많은 축복을 모르고 살았구나. 하나님께 감사하지 못했구나. 하나님이 주신 달란트를 나만을 위해 썼구나.'

바로 그때 저는 제 잘못을 깨닫고 하나님께 회개했습니다. 수술이 끝나고 중환자실에 있을 때 의사 선생님이 말씀하셨습니다.

"당신은 예전처럼 노래는 할 수 없을 것 같습니다."

저는 그 말을 들으면서 앞으로 어떻게 해야 할지 막막했지만 크게 충격을 받지는 않았습니다. 그 이유는 하나님이 미리 제 마음속에 평안을 주셨기 때문인데, 그것 자체가 참 놀라웠습니다.

수술 후 초반에는 소리가 제대로 나오지 않았습니다. 제대로 호흡을 할 수 없었고, 맑은 소리는 더더욱 낼 수도 없었습니다. 갑상선 암 수술 후 자연적인 치유를 원했지만 6개월 정도 기다려 보고 성대 복원 수술을 하는 것이 가장 좋겠다고 했습니다.

회복되기를 기다리던 중에 일본 매니저가 저를 찾아왔습니다. 일본 매니저 와지마 토타로를 처음 만난 때는 2003년이었습니다. 제가 불렀던 노래가 담긴 오디오 테이프를 일본으로 보냈는데 그가 그것을 듣고 저에게 일본 공연을 제의해 왔습니다. 그래서 2003년에 일본 데뷔를 하고 2005년까지 일본에서 전국 순회 공연을 하면서 많은 사람들이 저를 알게 되고 팬들이 생겼습니다. 그리고 난 후 2005년 가을에 제가 갑상선암 수술 후 목소리를 잃었다는 소식을 듣고 많이 아쉬워하며 가슴을 아파했다는 것이었습니다. 그 매니저는 제가 일본에서 성대 회복 수술을 하면 일본 팬들이 도와주고 싶어한다는 사실을 전했습니다.

일본 매니저에게 성대 복원 수술에 대해 잘 생각해 봐야 한다고 말했는데, 그가 이 수술법을 만든 분을 찾아냈고 6개월 후 교토에서 수술을 진행했습니다. 제 사연을 알게 된 일본 NHK 공영 방송에서 제가 성대 수술을 할 때부터 2010년 11월까지의 모습을 찍어서 방송했습니다. 제 치료와 재활 과정을 담은 다큐멘터리였는데, 일본 매니저가 노력해서 만든 결과물이었습니다.

저는 수술을 앞두고 하나님께 기도했습니다.

"하나님, 하나님께서 목소리를 다시 주신다면 제가 가장 먼저 하나님께 드리고 사용하겠습니다."

목소리가 회복되면 하나님께 첫 열매를 드리기로 서원한 것입니다. 그때 목 놓아 크게 소리를 지른다고 했지만 소리가 나지는 않았습니다. 하지만 기도하는 가운데 하나님이 저를 언젠가 회복시키실 것이라는 믿음이 있었습니다.

그렇게 기도하고 나서 수술대에 누웠는데, 수술 후 그 자리에서 첫 열매를 드리게 될 줄을 그때는 몰랐습니다. 성대 복원 수술은 성대에 부분 마취를 해서 피아노를 조율하듯이 성대를 조율하는 수술입니다. 수술 중에 의사 선생님이 "아- 해보세요" 하면 "아-" 하고 소리를 내며 조율을 했습니다. 계속 확인을 하다가 의사 선생님이 말씀하셨습니다.

"자, 이제 노래를 할 수 있겠어요?"

'무슨 노래를 해야 하지? 아, 하나님께 처음 드리기로 했지!'

"주 하나님 지으신 모든 세계 내 마음속에 그리어 볼 때……."

혹시나 소리가 안 나올까 봐 불안해하면서 찬송가 79장을 수술대 위에서 불렀습니다. 수술하는 모습을 NHK 공영 방송이 다 촬영하고 있었는데, 찬양할 때는 자막 처리가 되어서 가사가 모두 방송되었습니다.

하나님이 첫 열매로 복음을 전파하게 해 주신 것이 놀라웠고, 목소리가 나오는 것이 정말 은혜로웠습니다. 다큐멘터리가 나가고 나서 많은 사람들이 일본 매니저에게 "영상을 보고 정말 감동받았다", "크리스천이라는 것을 숨기고 살았는데 그 영상을 보고 이제는 당당하게 말할 수 있게 되었다" 등 연락을 주었다고 합니다.

현재 일본 전 인구의 0.1%가 크리스천인데, 일본의 부흥을 위한 하나님의 계획이었던 것 같습니다. 제 계획에는 없었지만 주의 도구로써 주셔서 하나님께 감사합니다.

일본 매니저가 하나님을 믿지 않을 때 제게 말했습니다.

"카미사마(하나님)께서 이 모든 것을 디자인했군요."

그는 후에 영화 「더 테너 리리코 스핀토」 제작 과정에서 하나님을 믿게 되었습니다. 그리고 그가 하나님을 믿게 되면서 자연스럽게 그의 가족이 모두 구원을 받게 되었습니다. 저는 온누리교회 '러브 소나타'에 매회 빠지지 않고 가는데, 후에 교토에서 하는 '러브 소나타' 제작을 그가 담당하게 되었습니다.

제2의 음악 인생

장장 네 시간의 성대 복원 수술이 끝나고 처음 한 달은 말을 하면 안 되었기 때문에 필담을 했습니다. 그리고 한 달이 지난 뒤 아내 앞에서 힘겹게 말을 꺼냈습니다.
"나 어때?"
처음 나온 목소리가 정말 이상했지만 시간이 지나면서 목소리에 힘이 조금씩 생기기 시작했습니다. 성대 수술 후 2년간 바로 목소리가 회복되지는 않았고 말할 때 힘이 들었습니다. 안 되는 상황에서도 예전에 하던 발성 연습을 계속했습니다. 그렇게 시간이 흘러 아내의 이름과 제 이름을, 그리고 하나님의 이름을 부를 수 있게 되었습니다.

잃어버린 목소리보다 더 귀한 것은 잃어버렸던 하나님을 향한 믿음을 회복한 것이었습니다. 이제는 더 이상 저만을 위해 목소리를 사용하지 않기로 다짐했습니다.

성대 복원 수술 후 2년 만에 온누리교회의 '러브 소나타'에서 제의가 와서 공연을 했습니다. 사실 한 곡을 끝까지 부를 수 없는 상태였기 때문에 엄두가 안 나서 처음에는 고사했습니다. 그런데 교회에서 다시 연락이 왔습니다.

"집사님, 다시 한 번 기도해 보고 결정해 주세요."

하나님이 저를 위해 재기의 무대를 만들어 놓으셨는데 인간적인 생각으로 불가능하다고 단념했다는 사실을 기도 중에 깨달았고, 순종하는 마음으로 공연에 나가게 되었습니다. 그런데 무대에 오르기 전까지 정말 두려웠습니다. 5천 명이 운집한 큰 집회였는데 그 앞에서 완벽하지 않은 소리로 찬양하는 것이 걱정되었기 때문입니다.

'하나님, 어떻게 할까요? 그냥 하나님만 들으세요.'

기도를 하면서 마음이 평안해졌고 담대한 마음으로 무대에 오를 수 있었습니다. 그렇게 하나님의 은혜로 한 곡을 온전히 부를 수 있었습니다.

시간이 지나고 현재는 목 상태가 50-60% 정도 회복된 것 같습니다. 지금 이렇게 회복된 것만 해도 정말 하나님께 감사합니다. 현재는 리사이틀 공연과 콘서트를 열고 있는데, 일본 교회에 가서도 찬양을 하는 등 다양한 교회 집회를 통해 하나님을 증거하려고 힘쓰고 있습니다.

저는 어느 공연을 가든지 「어메이징 그레이스」 찬양을 부릅니다. 처음에는 그 곡을 무반주로 했습니다. 한번은 목소리가 조금씩 나오기 시작했을 때 일본 매니저가 성가 CD 앨범을 한번 만들어 보자고 제안을 했습니다. 그래서 연습을 하고 제작했는데 그 CD에 「어메이징 그레이스」가 무반주로 들어갔습니다.

  목소리를 회복하는 가운데 열매들을 하나씩 하나님께 드릴 수 있었던 것 같아 참 감사합니다. 일본에서 CD 발매 후 리사이틀을 했고, 공연 중에 1분은 다 성가로 했는데, 한국어로 성가를 해도 일본 팬들이 은혜를 받고 우는 모습을 보았습니다. 그것을 보며 하나님이 하시는 놀라운 일에 감사했습니다.

기적을 노래하는 더 테너 리리코 스핀토

  아직 제 목소리가 완전하지는 않지만 저는 그런 소리로도 하나님께 계속 찬양을 드리려고 노력하고 있습니다. 수술 전에는 성대를 제 마음대로 조절하며 노래를 자유롭게 할 수 있었는데 이제는 뜻대로 되지가 않습니다. 그렇지만 조금씩 하나님이 성대를 풀어 주시는 것을 경험하면서 하나님이 모든 것을 주관하신다는 사실을 늘 깨닫게 됩니다.

  저는 프로 오페라 가수로 활동할 때 몸 상태가 안 좋으면 공연에 서지 않고 고집도 많았는데 고난을 겪으며 온유함을 배우게 되었고, 제 목소리가 부족해도 하나님께 드린다는 마음으로 공연에 임하게 되었습니다. 하나님과의 관계가 회복되면서 하나님이 저를 만져 주셔서 부드러워지는 것 같습니다.

영화 「더 테너 리리코 스핀토」는 제 이야기를 소재로 한 영화입니다. '리리코 스핀토'란 서정적인 표현력, 관객을 압도하는 굵은 음색 모두를 가진 최고의 테너를 일컫습니다. 영화 제작 제의를 처음 받았을 때는 기대하는 마음도 있었지만 동시에 조심스러웠습니다.

배우의 역량이 매우 중요했는데, 노래하는 모습이 어색하면 안 되었기 때문입니다. 영화 제작 초기 단계에서 많이 고민했는데, 배우 유지태 씨가 캐스팅되었습니다. 유지태 씨는 완벽한 연기를 위해 노래 연습에 몰두했습니다. 그가 베이스 음역이어서 한 옥타브를 낮추어 연습했고, 영화에 나온 목소리는 제 목소리와 다른 성악가 목소리로 대신했습니다.

아픔 없이 성숙할 수 없는 현실 가운데 제게 온 시련은 너무나 가혹하다고 느껴졌지만 그것을 이겨 나갈 환경을 만들어 주신 하나님께 감사합니다. 노래를 해야 하는 제 운명을 아시는 주님이 제 목소리를 찾게 해 주시고 그 목소리로 찬양하게 하심에 감사합니다.

세상의 의사들은 더 이상 노래할 수 없다고 선고를 내렸지만, 그때 하나님의 평안을 맛보지 못했다면 지금의 제가 존재할 수 없음을 고백합니다. 다시 목소리가 조금씩 회복되고, 다시 노래할 수 있는 가능성과 자신감을 주신 하나님께 감사합니다.

제가 어릴 때 처음 사람들 앞에서 노래한 것이 교회 찬양이었고, 수술하고 나서 처음 부른 것도 찬송가였습니다. 그동안 제 명예를 위해 살았던 것을 돌아보며 이제는 하나님이 주신 달란트이기에 하나님을 위해서만 사용되기를 소원합니다.

저는 항상 성가를 먼저 하고 준비한 가곡을 하는데, 작은 콘서트라 할지라도 저를 위한 것이 아닌 온전히 하나님의 마음을 음악으로 전달하고 싶습니다. 앞으로도 그런 기회가 많이 왔으면 좋겠습니다. 부족한 목소리로 부족한 노래를 하지만 많은 사람들이 듣고 소망을 품었으면 좋겠습니다. 하나님이 건강을 지켜 주셔서 지치지 않고 노래하며 하나님께 영광 돌리기를 원합니다. 늘 주님 뜻대로 쓰임 받기 원하고 제 뜻이 아닌 주님 뜻대로 살아가기를 소원합니다.

신 현 준 / 영화배우

개성 있는 얼굴과 다양한 연기로 꾸준한 인기를 누리는 영화배우 신현준.
1990년 흥행 돌풍을 일으킨「장군의 아들」을 통해 영화계의 신예로 떠올라
「은행나무 침대」,「비천무」,「무영검」,「킬러들의 수다」,「가문의 위기」등과
온몸을 던지는 연기로 복음의 메시지를 담았던「맨발의 기봉이」를 통해
스크린을 빛나게 하는 배우로 자리 잡았다.
교수 그리고 MC 등 다양한 분야에서 하나님을 전하기에 힘쓰고
주님께서 주신 달란트로 영광 돌리는 꿈을 꾸는 그는
20년을 한결같이 인도해 주신 하나님을 향한 신앙 고백을 한다.

꿈꾸는 자가 오는도다

어머니께 물려받은 기도 습관

조부모님의 영향으로 불교를 종교로 가진 집안에서 태어난 저는 1남 3녀 가운데 늦둥이였습니다. 아들이 귀한 집안이라서 할머니는 유난히 아들손주를 기다리셨고 그 때문에 어머니는 저를 낳기 전 이미 여러 번 유산을 하셨습니다.

어머니는 저를 임신하시고 기대하는 마음으로 병원에 가서 아이의 성별을 확인했는데, 병원에서 아들이 아닌 딸이라고 오진을 했습니다. 아들이 아니기에 또 다시 유산을 하려고 했지만, 한 번 더 유산을 하면 산모 건강이 위험할 수 있다고 해서 저를 낳기로 결정하셨다고 합니다. 그 후 어머니는 정성으로 100일 불공을 드리셨고 드디어 제가 세상 밖으로 나오게 되었습니다. 처음에 어머니는 아들을 낳았다는 것을 믿지 못하셨습니다. 아들 손주를 그토록 기다리셨던 할머니는 저를 보고 얼마 안 돼서 돌아가셨습니다.

그 후 어머니는 후배의 전도로 신앙을 갖게 되셨습니다. 그리고 어머니가 아버지를 전도하셨고, 저는 자연스럽게 기도하는 가정에서 자라게 되었습니다. 지금 와서 어린 시절을 생각해 보면 교회에서 뛰놀며 자란 기억밖에 없는 것 같습니다.

저희 가족은 어렸을 때부터 가정 예배를 드렸습니다. 지금도 부모님 댁에는 '기도하는 의자'가 있습니다. 어머니는 매일 아침 자녀들의 도시락을 다 싸신 후 그곳에 앉아 기도하곤 하셨습니다. 매일 아침저녁에 기도하셨던 그 의자를 보면 부모님의 사랑이 많이 느껴집니다. 부모님의 기도가 아니었다면 저는 자라면서 많이 방황하고 흔들렸을 것입니다.

"현준아, 기도하는 습관을 길러야 한단다."

어렸을 때부터 어머니가 늘 제게 하셨던 말씀입니다. 어머님의 지도 덕분에 아침저녁에 기도하는 것이 습관이 되어 안 하면 오히려 이상하게 느껴질 정도입니다.

또한 부모님은 항상 제게 성경 말씀을 들려주셨는데 지금 그 이야기들이 살아가는데 큰 힘이 됩니다.

오디션으로 배우가 되다

아버지는 건설업에 종사하셨는데 제가 같은 계열의 일을 하기 바라셨습니다. 당시는 보통 고등학교 2학년 때 부모님의 의견을 많이 반영해 이과나 문과를 선택한 시절이었습니다.

"연세대 체대를 들어가서 스포츠 경영을 배우렴."

저는 아버지의 권유로 연세대에 들어갔습니다. 하지만 제가 원했던 공부가 아니어서 딱 한 달만 열심히 공부했던 것 같습니다.

첫 중고등학교 동창회 모임에서 연극영화학과에 들어간 친구를 만났는데, 자신이 원하는 일을 하며 즐거워하고 자랑스러워 하는 그 모습이 정말 부러웠습니다. 그래서 저도 연출 공부를 하고 싶은 마음에 다른 학교에 가서 몰래 수업을 듣기 시작했습니다.

공부를 하면서 진로를 놓고 하나님께 기도하기 시작했습니다. 그동안 부모님의 사랑을 많이 받았는데 부모님의 말씀을 거역하는 것이 불효하는 것 같아서 죄스러웠습니다. 그런 마음과 동시에 이대로 성장하고 나서 나중에 부모님을 원망하지 않을까 하는 염려와 갈등 가운데 하나님께 전심으로 기도했습니다.

그러던 어느 날, 영화 「기쁜 우리 젊은 날」을 보고 배창호 감독님의 연출에 반하게 되었습니다. 처음에는 연출에 관심이 있어서 영화를 눈여겨봤는데 영화 중간부터는 연기자의 연기에 같은 감정을 느끼고 있는 저 자신을 발견하게 되었습니다. 배우가 정말 위대하다는 생각을 그때 처음 했습니다. 그리고 극장 앞에 서서 기도했습니다.

"하나님, 감독이 좋을까요, 배우가 좋을까요? 아니면 스포츠 경영을 그대로 해야 할까요?"

진로에 대한 확답을 받지 못한 상태에서 교양 수업을 듣게 되었는데 교수님이 칠판에 '효'자를 쓰시며 자신의 이야기를 해 주셨습니다. 그분도 부모님이 바라는 진로와 자신이 바라는 진로가 달라서 고민을 한 적이 있었는데 자신이 원하는 일을 잘해서 이 땅에 환원한다면 그 또한 효라고 생각한다는 말씀이었습니다. 그 말을 듣자마자 하나님이 제게 주신 응답이라고 확신하고 배우가 되기로 결심했습니다.

어느 날, 벤치에 앉아 있던 제게 우연히 날라 온 신문지에서 「장군의 아들」 오디션 광고를 보게 되었고 지원을 했습니다. 4천 명 정도가 시험을 보러 오디션 장에 왔는데 저는 뒷 번호였습니다.

"아니, 체대 친구가 연기를 할 수 있겠어?"

심사위원들의 의심 어린 질문에 저는 자신 있게 답했습니다.

"저는 책을 정말 재미있게 봐서 꼭 하야시 역을 하고 싶습니다."

4천 명이 전부 주인공을 원했는데 저 혼자 조연을 하겠다고 해서 심사위원들이 모두 놀랐습니다.

"그럼 너 일어 할 줄 알아?"

마침 교환학생 준비로 일어를 공부하고 있던 터라 일어를 몇 마디 했고 하나님의 은혜로 첫째 날 합격을 했습니다. 그렇게 저는 배우의 길을 가기 시작했습니다.

전성기에 찾아온 슬럼프

제가 그토록 원하던 배우가 되고, 많은 스케줄 때문에 바빠지니까 저도 모르게 기도를 안 하기 시작했습니다. 점점 신앙생활에 소홀해지면서 저만의 잣대가 생겼습니다.

'성경에 술 마시지 말라는 말은 없잖아. 와인 마시면 되지. 취하지만 않으면 되지.'

'하나님이 주신 일이니까, 피곤하니까 기도 안 해도 하나님이 용서해 주시겠지.'

이런 마음이 생기면서 신앙생활이 나태해졌습니다. 저 자신을 그렇게 합리화하면서 지냈지만 왠지 마음 한구석에서는 큰일이 일어날 것같이 불안하기만 했습니다.

남자 배우가 가장 인기 있을 때 들어오는 광고가 주류(맥주) 광고인데, 제게도 광고 제안이 들어왔습니다. 기도 생활을 열심히 못하던 때였지만 크리스천이기 때문에 술 광고를 거절했습니다. 그랬더니 한 번도 거절당한 적이 없던 그 업체가 깜짝 놀랐습니다. 그 후 몸값을 더 올려서 제안을 해왔습니다.

"몸값을 올려 달라는 것이 아니라 크리스천이어서 술 광고를 안 찍습니다."

그렇게 거절한 후 어느 날 한 식당에서 광고주를 마주치게 되었는데, 그분이 제게 이렇게 말씀하셨습니다.

"저도 크리스천인데, 그럼 저는 회사를 접어야 합니까?"

그 말을 듣고 마음이 흔들리기 시작해 결국 광고를 계약하게 되었습니다. 그 주류 광고 촬영이 끝나기가 무섭게 한 여배우와의 스캔들이 크게 터졌습니다. 그때는 정말 힘들었습니다. 저 때문에 온 가족이 힘들어해서 매일 아침 눈을 뜨면 꿈이기를 간절히 바랐습니다.

"하나님, 왜 제게 이렇게 힘든 시간을 주시나요?"

힘든 시기를 보내고 있던 어느 날, 어머니가 제 손을 꼭 잡으며 말씀하셨습니다.

"현준아, 우리 하나님이 현준이를 정말 사랑하시는구나. 이 고난을 잘 이겨라. 하나님은 사랑하는 이에게 예수님이 겪는 고난을 겪게 하신단다. 고난 뒤에는 큰 축복이 있을 거야."

저는 그때 제게 큰 위로를 준 어머니의 손 떨림을 아직도 잊지 못합니다. 원수를 사랑하라는 성경 말씀이 가장 지키기 힘든 말씀인 줄 알았는데 제게는 용서하는 것이 정말 힘들었습니다. 당시는 엘리베이터를 타면 사람들이 대놓고 손가락질을 하며 제게 욕을 했습니다.

고통스러운 나날들을 보내다가 한국을 잠시 떠나고 싶어서 중국에서 촬영하는 영화 「무영검」을 선택했습니다. 중국으로 가기 전에 서점에서 신앙 서적 20여 권을 샀습니다. 중국에서 요셉에 대한 내용이 담긴 책을 읽으며 지금의 고난이 감사하다는 마음이 들었습니다. 돌이켜 보니 기도와 주일 성수를 하지 못하고 하나님보다 세상을 우선시했던 저 자신이 떠올랐습니다. 그러면서 세상이 주는 평안보다 하나님이 주시는 평안이 얼마나 소중한지 깨달았습니다. 그리고 그동안 전도도 많이 하지 못한 제 모습이 부끄러워 회개했습니다.

중국에서 영화를 찍을 때 80여 명의 스태프들과 함께했는데, 어느 날 그들과 같이 예배를 드려야겠다고 결심했습니다. 그리고 주보를 만들어 스태프들 방을 다 돌아다니면서 나누어 주었습니다. 첫 예배는 저와 통역사 단 둘뿐이었지만 기도를 시작하자 점점 사람들이 모여들었고, 곧 작은 골방에서 예배를 드리기 시작했습니다. 저는 그 일을 통해 하나님의 때에 기도에 응답해 주시는 하나님을 경험했습니다. 그리고 영화배우인 제게 하나님이 달란트를 주신 목적이 있다는 것을 깨달았습니다.

맨발의 기봉이

2004년에 멜 깁슨이 감독, 제작한 「패션 오브 크라이스트」를 보면서 많이 울었습니다. 그 후 하나님이 주신 달란트로 아무것도 하지 못하는 제가 부끄러워서 기도하기 시작했습니다.

"하나님, 저도 제 영화를 통해 하나님을 이야기하고 전할 수 있게 해 주세요."

기도를 하고 1년 뒤, 한 촬영을 마치고 스태프들과 찜질방에 갔는데 우연히 텔레비전에서 「인간극장」 '맨발의 기봉 씨' 편을 보게 되었습니다. 몸이 불편한 엄기봉 아저씨와 노모가 감사히 식사 기도를 하는 모습이었습니다.

'아! 이제야 하나님이 주시는구나. 이것을 영화화해야겠다!'

오랜 기도 끝에 하나님이 영화「맨발의 기봉이」를 응답으로 주셨습니다. 초상권 계약을 위해 충남 서산으로 바로 달려갔는데 이미 초상권이 팔렸다고 했습니다. 알고 보니 초상권을 산 사람이 제 친구였습니다. 하나님의 응답임을 다시금 확신하며 영화를 만들기 시작했습니다.

그러나 그 과정이 순탄하지는 않았습니다. 영화 제작이 저 때문에 중간에 취소되었는데, 영화배우로서 처음 겪는 일이었습니다. 제가 그동안 강한 캐릭터를 연기했기 때문에 투자자들이 불안한 마음에 제작 지원을 하지 않은 것이었습니다. 하나님께 간절히 기도하던 중에 제가 몸이 불편한 사람을 연기해야 하는데 정작 장애인에 대해 잘 몰랐다는 사실을 깨닫게 해 주셨습니다. 그리고 장애인 봉사를 할 수 있게 인도해 주셔서 중증 장애인이 있는 곳에서 교회 친구들과 함께 봉사를 시작했습니다.

봉사 활동을 통해 장애인을 알아 갈 즈음 감사하게도 영화 제작을 다시 하자는 연락을 받았습니다. 만약 봉사 활동을 하지 않았다면 영화「맨발의 기봉이」는 거짓말 영화였을 것입니다.

영화 촬영 당시 기봉이가 뛰면 하늘에 새가 날고, 석양이 필요할 때면 하늘에 예쁜 석양이 지는 등 날씨와 모든 상황을 하나님이 멋지게 연출해 주셨습니다. 영화를 제작하면서 하나님의 응답을 기다리는 시간이 가장 귀하다는 것을 깨달았습니다. 연기하는 것이 정말 행복했고, 영화를 통해 하나님 이야기를 할 수 있어서 정말 감사했습니다. 너무 종교 영화 같다는 의견 때문에 투자자들의 반대로 편집된 부분이 많기는 하지만, 그래도 기도하는 중요한 장면들은 끝까지 지킬 수 있었습니다. 엔딩 크레딧에 하나님께 감사하다는 내용의 글을 올렸습니다.

"영화를 찍는 내내 정말 많은 기적과 은혜를 베풀어 주신 하나님께 감사드리며 밤낮으로 기도해 주신 아버지, 어머니께 감사드립니다."

앞으로도 하나님의 메시지가 있는 영화를 꾸준히 할 수 있도록 기도하며 준비할 것입니다. 그것이 하나님이 제게 주신 사명이라고 생각합니다.

영역을 넓히시는 하나님

2년간 「맨발의 기봉이」를 준비하면서 몸이 많이 상한 상태에서 일본에서 영화 「마지막 선물」 액션 장면을 촬영하는 도중에 목을 다치게 되었습니다. 갑자기 다리가 저리기 시작했고 손이 안 움직이더니 오른쪽 몸에 감각이 없어져 한국에 있는 병원으로 갔습니다.

제 상태를 본 목 디스크 전문 의사가 놀라며 바로 수술을 하자고 했습니다. 목 아랫부분을 찢어서 수술해야 했는데, 배우이기 때문에 흉터를 남기기보다는 차라리 많이 아프고 힘든 주사 치료가 낫겠다 싶어서 그렇게 진행하기로 했습니다. 그때 어머니와 누나가 제 양손을 꽉 잡아 주었는데 가족의 사랑이 깊이 느껴져 눈물이 났습니다. 어머니가 의사 선생님께 치료 잘해 달라고 부탁하시자 의사 선생님이 이렇게 말씀하셨습니다.

"치료는 제가 합니다. 고치는 것은 하나님이시죠. 자, 다 같이 기도하고 치료하겠습니다."

기도 후 치료가 시작되었는데, 엎드린 상태에서 치료용 침이 뒷목에 쑥 들어왔습니다. 피와 눈물이 떨어지는 모습을 보고 엄청난 고통을 느끼며 '십자가에 달리신 예수님이 얼마나 고통스러우셨을까?' 하는 생각이 들었습니다. 그 순간, 하나님께 회개했고, 아프지만 그 시간을 주신 하나님께 감사했습니다. 그리고 분명히 낫게 해 주실 거라는 확신이 들었습니다. 하나님은 항상 우리가 견딜 수 있는 고통과 고난만을 허락하시기 때문입니다. 지금도 그때 어머니가 잡아 주신 손길이 느껴집니다.

어머니의 소원은 제가 교수가 되는 것이었는데 그날 어머니가 우는 모습을 보며 어머니 소원을 꼭 들어드려야겠다는 생각이 들었습니다. 그래서 기도로 준비하며 시간이 날 때마다 공부를 했습니다. 그러던 중 기독교 학교인 인덕대학교에서 걸려 온 전화에 가슴이 뛰기 시작했습니다. 그리고 어머니의 꿈대로 저는 교수가 되었습니다. 늘 기도했던 대로 하나님이 이루어 주셔서 참 감사합니다. 대학교에서 학생들이 신앙 안에서 연기를 배울 수 있게 저를 사용하시는 것 같습니다.

저는 교회에서 선교 위원으로 섬기고 카자흐스탄에 교회를 개척하는 데 참여했습니다. 2008년에는 선교비를 마련하기 위해 『고백』이라는 책을 쓰게 되었습니다. 어릴 때 성경 공부를 하면서 메모하는 습관이 있었는데 책을 써 보는 게 좋겠다는 마음을 하나님이 주시는 것 같아서 용기를 냈습니다.

책 출간을 준비하며 내용의 60%는 썼지만, 나머지 40%는 어떻게 채울 방법이 없었습니다. 고민하며 지내던 어느 날, 새벽에 눈이 띄졌고 하나님의 은혜로 글이 술술 써져 잘 마무리할 수 있었습니다. 책 판매 수익금으로 선교 활동에 도움을 줄 수 있어서 감사했습니다.

저는 사실 예전에 저만의 잣대로 술을 마시고 담배를 피우는 것을 합리화했습니다. 하나님이 제게 아토피도 주셨는데 담배를 끊지를 못했습니다. 담배를 끊기 위해 6년 동안 금연 껌을 씹었지만 쉽지가 않았습니다. 그러던 어느 날, 친구에게 큰일이 생겨서 친구를 도와주시면 담배를 끊겠다고 하나님께 기도했습니다. 그런데 기도하고 바로 5분 뒤에 일이 잘 해결되었다는 연락을 받았습니다. 그때 담배를 완전히 끊었습니다.

일을 하다 보면 술자리가 많은데 술을 끊지 못하는 것에 대해서도 죄책감이 있었습니다. 책이 출간되고 교회에서 간증 부탁이 왔을 때

"믿음이 약하고 연예인이라 살다가 무슨 문제가 생기면 곤란해져서 간증하기가 조심스럽습니다" 하고 답하며 거절했습니다. 왠지 안 좋은 일이 생길 것 같았는데 그때 매니저와의 문제가 터졌습니다. 그때 하나님이 저를 사랑으로 혼내신다는 것을 깨달았습니다. 그 후 담배에 이어 술을 완전히 끊게 되었고, 그때부터 하나님이 은혜를 넘치게 부어 주셨습니다. 그리고 간증 집회를 다니며 하나님을 증거하기 시작했습니다.

저는 하나님이 주신 것을 거역하면 안 된다고 생각합니다. 지금도 술, 담배를 끊게 해 주신 하나님께 정말 감사하다고 매일 기도합니다. 하나님 말씀에 순종하면 하나님은 늘 축복으로 보답해 주십니다. 한국에서 남자는 술을 못 마시면 안 된다는 말이 있는데, 저는 반대로 잘되고 있습니다. 하나님이 다 이끌어 주시기 때문입니다.

한번은 일본에서 기분 좋은 일이 있었습니다. 많은 사람 앞에서 하나님 이야기를 했는데 그 자리에 초대해 주신 회장님이 저를 부르셨습니다.

"죄송한데, 하나님 이야기는 안 하시면 좋겠어요."

그분의 말씀에 저는 화를 내며 말했습니다.

"저는 하나님 이야기를 하고 싶어요. 만약 못하게 하신다면 서울로 가겠습니다."

그리고 남은 스케줄 동안 계속 하나님 이야기를 하고 숙소로 돌아왔습니다. 그런데 갑자기 노크 소리가 났습니다. 회장님과 사모님이 제 방에 찾아오신 것입니다.

"아까 정말 창피했어요. 사실 저도 크리스천이에요. 일본에서 생활하면서 저도 이렇게 변했네요. 당당히 하나님을 증거하시는 모습을 보며 저도 회개했어요."

뜻밖의 방문에 조금 당황했지만 마음은 참 뿌듯한 순간이었습니다.

그리고 한국으로 돌아오기 전에 일본 팬들한테 일어로 성경 구절을 써 주고 십자가를 선물해 주었습니다. 4개월 후 다시 일본을 방문했는데, 공항에 일본 팬들이 십자가 목걸이를 하고 저를 맞이해 주는 모습을 보고 감격했습니다.

영화배우에서 교수, 그리고 MC 등 전혀 예기치 못한 일을 하게 될 때면 저는 늘 하나님께 기도로 여쭈어 봅니다.

"하나님, 저를 어떻게 쓰시려고 이곳에 보내셨죠?"

처음에는 잘 몰랐지만 하나님이 넓혀 주신 다양한 영역들을 통해 대중과 많이 가까워질 수 있었고, 전도하기가 수월해졌다는 것을 느낍니다. 제가 어디에 있든지 하나님이 사용하시리라 믿으며 하나님의 뜻대로 살아가기를 소원합니다.

김 신 욱 / 축구 선수

인천 아시안 게임 축구 금메달의 주역, 축구 국가 대표 김신욱 선수.
초등학생 때 축구를 시작하며 축구의 꿈을 꾼 그는
고등학교 때 하나님과의 인격적으로 만난다.
하나님의 인도로
제15회 AFC아시안컵, 동아시아축구연맹 선수권 대회,
제20회 브라질월드컵, 제17회 인천 아시안게임 축구 국가 대표가 되었고
그가 속한 곳에서 늘 예배를 이끄는 예배자, 부흥사로 살아간다.
'예수님께 속한 축구 선수, 축구 선교사 김신욱'이라고
자신을 소개하는 그는 오늘도 선교자의 삶을 살기 위해 힘쓴다.

Rejoice Everyday

선수촌의 부흥사

축구 꿈나무, 뜨겁게 성령을 만나다

저희 가족은 모두 키가 크고, 힘이 세며, 운동신경도 좋습니다. 그러다 보니 저도 운동을 자연스럽게 좋아하게 되었습니다. 제가 초등학교 3학년 때 과천에 초·중·고 축구부가 창단되면서 저는 축구를 정식으로 시작했습니다.

축구 선수들은 항상 다양한 대회들을 목표로 두고 그것을 이루기 위해 열심히 달립니다. 저도 대회들에서 좋은 성적을 내기 위해 열심히 달렸습니다. 중학생이 되면서 여러 목표를 이루고 난 뒤 공허함을 느꼈습니다. 그러면서 진짜 목표를 찾아야겠다는 생각이 들었습니다.

우연히 한 신앙 도서를 읽으면서 하나님의 존재를 알게 되었고, 중학교 2학년 때 친한 친구의 전도로 집 앞에 있는 교회를 처음으로 나가게 되었습니다. 그때는 교회에 나가서 제 소원을 이루어 달라는 기도를 많이 했습니다. 하지만 시간이 흐르면서 제 미숙한 신앙을 하나님이 조금씩 만져 주셨습니다.

고등학교 2학년이 되어서 수련회에 갔는데 예배를 드리고 기도하는 가운데 문득 이런 생각이 들었습니다.

'나는 도대체 무엇을 위해 살아가야 하지?'

그리고 그 자리에서 하나님께 고백했습니다.

"내년 수련회 때 하나님을 꼭 만나게 해 주세요."

저는 수련회를 다녀온 후 하나님을 만나고 싶은 마음이 간절해져서 철야 예배에도 열심히 나갔습니다. 시간이 흘러 기다리고 기다리던 수련회가 다가왔습니다. 기적적으로 2박 3일간의 휴가를 받고 참여할 수 있었습니다.

저는 수련회 첫날 당연히 하나님을 만날 수 있다고 확신했습니다. 하지만 하나님을 만나지 못했고, 화가 나서 잠이 오지 않았습니다. 그때 저는 정말 간절히 하나님을 만나고 싶었습니다. 다음 날 제 인생 처음으로 새벽 예배를 갔습니다. 모두 자고 있는데 큰 강당에서 홀로 기도했습니다.

"하나님, 오늘 저녁밖에 없어요. 하나님을 못 만나면 안 돼요!"

저녁 예배 시간이 되어 강사 목사님이 하나님을 만나고 싶은 사람은 앞으로 나오라고 하셨습니다. 당시 저는 부끄러움이 많았는데 그것을 이기고 앞으로 나갔습니다.

앞에서 무릎 꿇고 기도하는 가운데 하나님이 깊이 만지시는 것을 느낄 수 있었습니다. 계속 기도하는데, 일곱 살 때 도둑질하던 제 모습이 떠올랐습니다. 그 순간, 하나님 앞에 저의 모든 죄를 고백하며 회개했습니다. 하나님을 인격적으로 만나고 하나님께 약속을 했습니다.

"하나님, 김신욱이 죽는 순간까지 당신을 위해 살겠습니다."

천국의 국가 대표

그렇게 하나님을 만나고 나서부터 사람을 보는 눈이 완전히 바뀌었습니다. 사람들이 동역자, 아니면 전도 대상으로 보이기 시작했던 것입니다. 하나님의 관점으로 세상을 바라보기 시작했습니다. 그래서 고등학교 때 함께 축구를 하던 선수들에게 전도를 많이 했습니다.

저는 고등학교를 졸업하고 하나님의 은혜로 중앙대학교에 입학했습니다. 입학할 때 신입생 환영회에 의무적으로 가야 했는데, 큰 접시에 담긴 폭탄주를 무조건 마셔야 했습니다. 그래야만 정식으로 중앙대학교 학생으로 인정해 준다고 했습니다.

저는 신입생 환영회를 앞두고 하나님께 절실하게 기도했습니다.

"하나님, 저는 술을 마시고 싶지 않아요. 하나님의 종이 술을 마시면 되겠습니까?"

그렇게 기도하던 어느 날, 신입생 환영회를 2주 앞두고 중앙대학교 감독님이 저를 부르셨습니다.

"신욱아, 너 브라질월드컵으로 가라."

하나님의 은혜로 저는 신입생 환영회가 아닌 브라질로 가게 되었습니다. 그리고 대학을 졸업할 때까지 감독님까지 포함해 누가 술을 주더라도 한 방울도 안 마셨습니다. 물론 신입생 환영회에 자연스럽게 불참하고 술도 안 마셔서 저는 철저하게 혼자가 되었습니다. 왕따, 즉 '왕을 따르는 자'로 기쁘게 살게 된 것입니다.

친구들은 미팅하러 나가고 놀러 가는데 저는 할 일이 없어서 쉬운 성경을 보기 시작했습니다. 그렇게 홀로 있는 시간에 성경을 40번 읽었습니다.

축구 선수 중 제일 존경하는 선수는 이영표 선수입니다. 우연히 아시안컵대회에 같이 출전한 적이 있었는데, 이영표 선수는 마지막으로, 그리고 저는 처음으로 나가는 경기였습니다.

경기를 준비하던 중에 이영표 선수가 저를 불렀습니다.

"오늘 주일이니 예배를 준비하자."

선수들이 한 방에 모였고 이영표 선수가 예배를 이끌었습니다. 저는 그 모습을 두 달간 합숙하면서 지켜보았습니다.

이영표 선수가 은퇴하면서 제게 말했습니다.

"국가 대표 선수의 예배와 기도를 끊지 말아 줘. 네가 예배를 인도하렴. 네가 있으니 마음이 든든하구나."

당시 저는 정식 국가 대표 선수가 아니라 교체 인원인 후보였기 때문에 하나님께 기도했습니다.

"하나님, 영표 형이 이야기하는 거 들으셨죠? 예배를 위해 국가 대표 선수가 되게 해 주세요."

그리고 정말 기적적인 하나님의 은혜로 제가 국가 대표가 되어 예배를 이어서 인도할 수 있게 되었습니다.

28년 만의 금메달

2014년 10월 2일, 28년 만에 인천아시안게임에서 축구 국가 대표 팀이 금메달을 땄습니다. 아시안게임은 23세 미만의 국가 대표 경기입니다. 23세 이상은 와일드카드로 세 명만 선발할 수 있는데 박주호, 김승규, 그리고 제가 들어갔습니다. 저는 군 문제로 유럽에 나가는 것을 연기한 상태였는데 아시안게임에 출전도 하고 메달까지 따게 되어 정말 기뻤습니다.

당시 국가 대표들은 파주 훈련 센터에 있었는데, 저는 경기를 앞두고 제 방에서 기도했습니다.

"분명히 하나님이 저를 보내신 뜻이 있을 거라 믿어요."

고등학교 때 예수님을 인격적으로 만나고 나서부터 하나님이 허락하신 곳에서 늘 예배자로 살았는데, 이번에도 저를 예배자로 세우신 이유와 복음을 전해야 하는 임무가 있을 것이라고 기도했습니다. 그리고 선수 명단을 훑어보았습니다. 20명의 축구 국가 대표 중에 크리스천은 단 두 명뿐이었습니다.

그래서 첫날 숙소 방문을 다 두드리며 예배로 초청했습니다. 다 모인 사람이 저를 포함해서 11명이었습니다. 저는 그 자리에서 제가 예수님을 어떻게 만났고, 세상이 어떻게 창조되었으며, 우리 죄를 위해 예수님이 돌아가셨다가 부활하셔서 다시 오실 것이라고 전했습니다.

"앞으로 월요일과 목요일마다 예배를 드리자. 오고 싶으면 와. 너희 금메달 따고 싶지? 그러면 기도해야 해. 나라가 흥하고 쇠하는 것은 하나님 손에 달렸어."

그렇게 이야기하고 목요일을 기다렸습니다. 저는 고등학교 3학년 때부터 항상 밤 10시부터 12시까지 하나님과 함께 시간을 보냈습니다. 하루를 돌아보고 찬양과 기도를 드리며 반성을 했는데, 그날도 목요일을 기다리며 기도했습니다.

약속한 예배 시간이 되자 11명이 모두 모였습니다. 그때부터 금메달을 따는 법이 아니라 복음을 열심히 전했습니다. 이 세상에서 진정한 복이 무엇인지, 세상에서의 축복인 금메달이 아니라 예수님을 향한 하늘 소망에 대해, 이 세상을 이길 수 있는 예수님을 향한 믿음을 전했습니다. 그렇게 예배가 시작되었습니다.

"신욱이 형, 예배를 드리는데 몸이 뜨거워요."

선수들이 말했습니다.

그 후부터 대표 팀 역사상 최초로 아침에 찬양이 흘러나오기 시작했습니다. 모두 개인 스피커로 찬양을 들으면서 하루를 시작했던 것입니다.

"형, 앞으로 경기 전날마다 예배드려요."

그래서 저희는 일주일에 예배를 다섯 번씩 드리게 되었습니다. 그러던 중 제가 부상을 당했습니다. 그런데 돌이켜 보니 부상 덕분에 온전한 예배자로 헌신할 수 있었던 것 같습니다. 남는 시간에 성경을 헬라어, 히브리어로 보면서 말씀을 준비하고 새벽에 팀을 위해 기도했습니다. 그리고 아프지만 참으며 뛰는 모습을 보여 주면서 선수들에게 동기 부여를 해 주려고 노력했습니다. 그것이 제 사명이라고 생각했습니다.

월드컵, 땅끝을 품은 복음의 경주

국가 대표 예배자로서의 첫 번째 부담감은 예배를 인도하는 것이고, 두 번째는 소속된 팀을 위해 기도하는 것이라고 생각합니다. 제가 무너지면 팀이 무너진다는 생각으로 간절하게 기도했습니다.

우즈베키스탄과의 경기는 브라질월드컵을 위한 마지막 승부였습니다. 그런데 중압감이 너무 커서 하나님께 도우심을 구하며 중학교 때 저를 전도했던 친구에게 전화를 걸었습니다.

"네 안에 예수님의 십자가가 있다면 월드컵에 가는 게 뭐가 중요해? 월드컵에 가도 그만이고, 또 안 가도 그만인거 아니야? 우리의 인생은 예수님을 위해 사는 잠깐의 나그네 인생인데 말이야."

저는 친구의 말을 듣고 망치로 한 대 얻어맞은 기분이 들었습니다. 우리 인생에 결과는 중요하지 않다는 것과 과정에 최선을 다하고 결과는 하나님께 맡겨야 한다는 사실을 깨달았습니다. 눈앞의 결과만 쫓아갔던 저 자신을 돌아보며 몇 시간 동안 회개했습니다.

브라질로 넘어가기 전에 마이애미에 있을 때였습니다. 당시 친했던 손흥민 선수와 한 방을 쓰고 있었습니다. 마이애미에서도 밤 10시에 예배를 드리려고 하는데 시차 때문에 졸리고 힘들어서 알람을 맞춰 놓았습니다. 시간이 되어 알람이 울리자 같은 방에 자고 있던 손흥민 선수가 깨서 물었습니다.

"형, 어디 가?"

"나 예배드리러 가야 해."

"형, 오늘은 쉬어."

"쉬면 안 돼."

시차 적응이 안 된 상태에서 창문을 닫고 난간에서 조용히 예배를 드렸습니다. 합숙 기간에도 저는 쉬지 않고 하나님을 예배했습니다.

국가 대표들이 함께 식사할 때는 보통 재미있는 이야기가 많이 오가는데, 어느 날 기독교에 대한 안 좋은 이야기가 오가게 되었습니다. 그런데 갑자기 하나님을 믿지 않는 손흥민 선수가 식탁을 탁 치면서 말했습니다.

"하나님에 대해서 함부로 이야기하지 마. 신욱이 형은 진짜 하나님을 믿어."

한번은 브라질월드컵 평가전에서 4 대 0으로 패한 다음 날이었습니다. 그때는 1인 1실을 써서 혼자 예배를 드리고 있었습니다. 예배를 드리는데 누가 방문을 두드렸습니다. 한국영 선수였습니다.

"신욱이 형, 축구 잘할 수 있게 기도해 주세요."

한국영 선수를 앉혀 놓고 복음에 대해 전했습니다. 복음을 전해 듣고 마음으로 받아들인 한국영 선수가 이렇게 말했습니다.

"형, 저 이제 월드컵 못 해도 돼요."

그다음 날부터 하나님이 한두 사람 모이게 하셔서 예배가 시작되었습니다. 박종훈 선수, 기성용 선수 등 선수들이 모여서 함께 예배를 드렸습니다.

하나님의 은혜로 우즈베키스탄과의 경기에서 이기고 본선까지 나갔지만 성과를 거두지는 못했습니다. 브라질월드컵의 결과는 실패였지만, 이를 계기로 많은 사람이 하나님께 나아갈 수 있었기 때문에 사실 저는 실패라고 생각하지는 않습니다.

하나님의 불쏘시개

지금 제가 섬기고 있는 단체는 '씨앗 공동체'입니다. '푸른 횃불'이라는 애국청년기도회가 있는데, 어느 날 지하 교회에서 금요일 밤부터 새벽 5시까지 기도하는 애국기도원에 간 적이 있었습니다.

'나라와 민족을 위해서 기도하라.'

기도 중에 하나님이 제게 말씀하시는 것 같았습니다.

"하나님, 제가 그럼 어떻게 해야 합니까?"

그때부터 하나님이 사람을 붙여 주기 시작하셨고 교회를 인도해 주셨습니다. 그렇게 울산에서 모임이 시작되었습니다. 첫 모임 때 민들레 씨앗처럼 대한민국 전역에 예배와 기도를 심으라는 마음을 주셔서 '씨앗'이라고 공동체 이름을 지었습니다. 씨앗처럼 각자 뿌려진 곳에서 하나님을 예배하고 나라를 위해 기도하는 모임입니다. 매주 목요일, 제가 재활하고 있는 병원에서 13명의 크리스천과 함께 예배를 드리고 있습니다.

하나님은 제게 전쟁터에 함께 선 빛나는 왕과 같은 분이십니다. 고대 시대에는 왕이 병사들과 함께 전쟁터에 나갔습니다. 빛나는 옷을 입은 왕이 백마를 타고 전쟁터에 나가면 병사들이 그 모습을 보며 동기를 얻고 싸웠습니다. 상처를 입어도 오직 왕을 보며 싸운 것입니다. 전쟁터의 왕처럼 제게 하나님은 이 땅을 살아가는 이유가 되십니다.

"예수님께 속한 축구 선수, 축구 선교사 김신욱입니다."

저는 사람들에게 이렇게 저를 소개합니다. 크리스천의 본질은 선교사이기에 선교사의 삶을 살려고 노력합니다. 하지만 늘 저의 약함 때문에 하나님 앞에 엎드리며 나아갑니다. 지금은 제가 많은 사람 앞에서 하나님께 영광 돌리며 살지만 언젠가는 보이지 않는 곳에서 복음을 전하며 살게 되기를 소원합니다.

최 복 이 / 본죽 대표

한때 사업 실패로 인생의 밑바닥을 경험했던 최복이 대표.
대학생 때 신앙을 갖기 시작하고
남편을 만나 수입 화장품 대리점을 관리하며 승승장구의 나날을 보낸다.
그러던 중 IMF 부도로 하루아침에 호떡 장수가 되고
창업 요리 학원에서 일을 하다가 작은 죽 집을 시작하게 되는데……
전국 1,500개 점을 돌파하고 2010년 업계 최초 프랜차이즈 대통령상 표창했다.
여러 실패의 아픔을 딛고 음식 사업의 신화를 가져온 본죽의 최복이 대표.
그녀는 사업가를 넘어 사명자로, 예수님의 사랑행전을 새롭게 써 가고 있다.

작은 여인의 큰 꿈

시어머니의 기도

저는 뿌리 깊은 불교 집안에서 자랐습니다. 그런 제게 믿음의 영향을 주신 분은 바로 시어머님이십니다. 남편과 교제하던 시절, 시골에 계신 어머님께 인사드리러 내려가서 하룻밤 자게 되었습니다. 한창 잠을 자고 있는데 갑자기 누군가가 제 몸을 만지는 것 같아 깜짝 놀랐습니다.

'앗, 누가 내 몸을 만지고 있는 거지?'

알고 보니 어머님이 제 몸 이곳저곳을 만지며 기도해 주시는 것이었습니다. 정말 당황스러웠지만, 진심으로 기도하시는 어머님의 목소리를 들으며 가슴이 뭉클했습니다. 어머님은 서른여섯에 사별하고 다섯 명의 자녀를 기도로 키우셨습니다. 남편은 외동아들이었습니다. 어머님은 저를 위해 기도하실 때 자녀를 위한 기도도 해 주셨습니다.

그런데 기도가 끝나는가 싶더니 갑자기 어머님이 찬양을 하기 시작하셨습니다.

"나의 갈 길 다 가도록 예수 인도하시니 내 주 안에 있는 긍휼 어찌 의심하리요."

알고 보니 당시 어머님은 새벽에 일을 나가셔야 해서 집에서 혼자 새벽 기도를 하신 것이었습니다. 제 마음속 깊이 어머님의 찬양 소리가 울려 퍼졌습니다. 당시만 해도 제가 훗날 그 찬양을 하며 신앙 고백을 하게 될 줄은 꿈에도 몰랐습니다. 시댁에 다녀온 후 어머님의 기도 덕분에 대학교 3학년 때부터 교회를 다니기 시작했습니다.

빚쟁이의 호떡 장사

남편을 만나 신앙생활을 시작하면서 저는 400여 곳의 수입 화장품 대리점들을 운영했습니다. 승승장구하나 싶더니 IMF 때 기업이 도산해 버렸고, 협력 업체들도 연쇄 부도를 맞았습니다. 그 여파로 4년 정도 굉장히 힘든 시간을 보냈습니다. 그때 저는 정신과 치료를 받을 정도로 충격이 컸습니다.

'아, 이대로 계속 살아갈 수 있을까?'

모든 것을 정리해 빚을 갚고 새 출발을 하려고 했지만 그러기에는 후유증이 컸습니다. 사실 수입 화장품 대리점들을 운영하면서 돈을 많이 벌면 나중에 나누며 살겠다고 고백한 적이 있었는데, 돈을 충분히 벌면서도 욕심이 생겨 그 약속을 계속 미룬 터였습니다. 저는 부도가 난 후에야 실천하지 못한 것을 뒤늦게 후회했습니다.

'아휴, 이렇게 될 거였으면 좋은 데라도 돈을 진작 쓸 걸.'

그처럼 바닥을 쳤던 시기를 통해 저는 돈이 주는 허망함을 느끼면서 물질에 대한 새로운 가치관을 갖게 되었습니다.

빚더미 속에서 취업도 하지 못해 남편이 호떡 장사를 한 적이 있었습니다. 많은 대리점을 관리하던 사장이 하루아침에 호떡 장수가 되다니, 처음에는 갑자기 바뀐 환경에 적응이 되지 않았습니다.

'아, 나는 도저히 호떡은 못 팔겠어.'

남편은 매일 열심히 호떡 장사를 했지만 저는 호떡 장사하는 곳에 가기조차 어려웠습니다. 그런데 하나님이 어느 날 제 부끄러움을 발견하게 하셨습니다.

"남편이 잘될 때만 돕는 것이 아니라 힘들 때도 변함없이 그 옆을 지키며 돕는 것이 내가 기뻐하는 돕는 배필의 모습이란다."

저 자신의 교만하고 부끄러운 모습을 회개하고 곧바로 호떡 장사를 함께했습니다. 그리고 그때부터 십일조도 철저히 하고 이웃을 돕기 시작했습니다. 하루에 5만 원을 벌어 온 가족이 먹고 살았습니다.

1년 넘게 호떡 장사를 하고 나자 남편이 친구가 운영하는 외식 컨설팅 회사에 취업을 했습니다. 저도 같은 외식 창업 요리 학원에서 일을 시작했습니다. 당시 저는 일반적인 일을 할 수 없을 정도로 신경에 문제가 있어서 정신과 치료를 받고 있었습니다. 부도의 충격이 오래 갔던 것입니다. 그래서 3년 동안 요리사 보조로 설거지, 청소 등을 맡았습니다.

작은 죽 집, 무릎 경영의 시작

　　정신과 치료를 받으며 외식 창업 요리 학원에서 일을 하던 제 머릿속에는 늘 이 생각뿐이었습니다.
'내 인생은 이렇게 끝나겠지.'
　　그때 제게는 큰 희망이 없었습니다. 그렇게 시간을 흘려보내기만 했습니다.
　　그런데 제가 일하는 곳이 창업 요리 학원이라서 식당으로 성공하는 사람들을 많이 볼 수 있었습니다. 그 모습을 보며 용기가 생겼습니다. 많은 고민 끝에 하나님이 주신 지혜로 죽 집 창업을 하게 되었습니다. 8개월 동안 15가지가 넘는 초기 메뉴 죽을 개발했습니다. 라면밖에 못 끓이고 요리사도 아닌 제가 하나님이 주신 지혜로 요리법을 만든 것입니다. 그 초기 메뉴들은 지금의 신 메뉴들도 따라올 수 없는 인기 메뉴들입니다.

대학로에서 죽 집을 처음 시작했습니다. 가게가 2층에 위치해서 손님이 정말 귀했습니다. 그래서 어쩌다 한 명의 손님이 오면 주께 하듯 정성껏 대접했습니다.

새벽에 출근해서 남편과 전단지를 돌리고 오픈 준비를 하며 5개월이 흘러, 어느덧 계단까지 줄 서는 식당이 되는 큰 은혜를 받았습니다. 비록 준비 기간은 길었지만 하나님이 축복을 넘치도록 부어 주셨습니다. 초기에는 하루에 열 그릇을 팔았는데 지금은 10만 그릇을 팔고 있으니, 얼마나 큰 은혜인지 모릅니다.

당시는 사람들이 돈을 주고 죽을 사 먹는 개념이 없었고 그저 죽을 좋아하는 여자 손님들이 식당에 오는 정도였습니다.

"아니, 죽을 파는 식당이 있어? 그런데 인테리어를 레스토랑처럼 잘해 놨네?"

"죽이 왜 이리 비싸지? 그런데 맛있고 양도 무지 많네!"

처음 오신 손님들이 여러 번 놀라는 반응을 보이셨고, 결국 많은 사랑을 받게 되었습니다. 본죽은 그렇게 번창하기 시작해 해외까지 진출하게 되었습니다.

하지만 항상 좋은 일만 있지는 않았습니다. 한번은 아이를 둔 신혼부부가 한 해외 지점을 맡은 적이 있었는데, 아이의 언어 문제로 우울증을 앓으면서 부부가 죽은 일이 있었습니다. 저희는 그 일을 겪으면서 모두 내려놓고 싶었습니다. 그리고 일본에 두 군데 진출했는데, 한

곳은 계약이 잘못되어 접을 수밖에 없었습니다. 적지 않은 어려움이 있었지만 지금 돌아보면 하나님이 형통과 곤고한 일을 번갈아 주셨던 것 같습니다.

현재 본죽은 전국에 1,500개 지점을 돌파했습니다. 감사하게도 2010년에는 업계 최초 프랜차이즈 대통령상을 표창했고, 그해에 여러 상을 받으며 상향 곡선을 그려 나갔습니다.

그렇게 승승장구하던 중, 고발 프로그램에 본죽이 소개되었습니다. '주님, 이게 무슨 일인가요!'

믿음이 컸던 만큼 소비자들의 반응은 냉정했습니다. 매출이 반으로 떨어졌고 항의 전화가 많이 걸려 왔습니다. 많은 가맹점 수로 인해 관리가 부족해서 일어난 일이었습니다. 잘못을 인정하고 그때부터 가맹점, 신규 오픈, 그리고 새 단장을 중단했습니다. 하나님이 새로운 문을 열어 주실 것이라는 믿음으로 순종했습니다. 그러면서 남편 대신 제가 대표이사를 맡게 되었습니다.

미션 기업으로 거듭난 본죽

그 사건 이후 하나님이 본죽을 새롭게 하셨습니다. 2013년 9월 9일 창립 기념일에 본죽을 미션 기업으로 선포했습니다. 전 직원에게 성경을 선물했고, 모두가 함께 예배를 드렸습니다. 저는 그 자리에서 기업의 역사를 간증했습니다. 하나님의 축복으로 만든 기업이기 때문에 본죽의 존재 이유는 선교와 구제, 하나님의 축복된 열매로 쓰이는 것이라고, 그것이 기업의 사명이라고 선포했습니다.

그때를 시작으로 한 달에 한 번 채플 시간을 갖습니다. 그저 좋은 기업에서 기독교 기업으로, 성장 위주의 기업에서 건강한 가치 중심의 기업으로 변모했습니다. 그리고 그날 '합력하여 선을 이룬다'라는 설립 이념을 공포했습니다. 본죽 기업의 6대 가치는 이렇습니다.

1. 성공보다는 사명
2. 빨리보다는 멀리
3. 나보다는 우리
4. 경쟁보다는 협력
5. 계약보다는 약속
6. 이윤보다는 가치

이 가치를 따라 기업을 끌고 가겠다고 선포하고 가치관, 사명 워크숍 등을 통해 전 직원을 교육했습니다. 모두 하나님이 지혜를 주셔서 이끌 수 있었습니다. 그리고 하나님이 주신 메시지를 담아 문자로 전 직원에게 기도문을 공지했습니다.

또 현재는 본사랑재단을 통해 어린이, 청소년, 독거노인, 장애인들의 영양식을 지원하고 다양한 방법을 통해 결식아동을 돕고 있습니다.

뿐만 아니라 기아들을 위해 본죽을 세계 각지에 지원하고 있습니다.

본사랑재단은 사회 공헌 재단이어서 선교를 하기에는 제한이 많았습니다. 그래서 기독교 기업으로 선포하는 날에 미션 기업을 함께 창립했는데, 이는 사랑과 선교를 병행하기 위함이었습니다.

그동안 교회와 신학교 설립을 지원해 왔고, 본월드미션을 통해 선교사 게스트하우스도 제공하고 있습니다. 또 중국에 본국제신학교를 설립했고, 본푸른교회의 개척도 지원했습니다. 점점 변화하는 선교의 패러다임에 맞추어 선교사님들께 브랜드를 제공함으로써 비즈니스 선교를 할 수 있도록 돕고 있습니다.

> 너무 잘하려 하지 말라 하네
> 이미 살고 있음이 이긴 것이므로
> 너무 슬퍼하지 말라 하네
> 삶은 슬픔도 아름다운 기억으로 돌려주므로
> 너무 욕심 부리지 말라 하네
> 사람이 살아가는 데 그다지 많은 것이 필요치 않으므로
> 너무 조급해하지 말라 하네
> 천천히 가도 얼마든지 먼저 도착할 수 있으므로
> 죽도록 온 존재를 사랑하라 하네
> 우리가 세상에 온 이유는 사랑하기 위함이므로
> _「삶이 나에게」

저는 원래 요리사가 아니라 국문학을 전공한 시인이었는데 하나님이 기적처럼 죽을 개발하게 하시고 음식 브랜드를 만들도록 하셨습니다. 글 쓰는 사람에서 경영하는 사람으로 이끌어 주신 기적입니다. 무엇보다도 기회 있을 때마다 하나님을 자랑할 수 있는 것이 가장 큰 기적이라고 생각합니다. 앞으로 본사랑재단과 본월드미션을 통해 생명을 살리는 사역을 잘 감당하는 제가 되길 늘 기도합니다.

# 3

기쁨은
고통을
견디게 합니다

고난과 도전 속에서도 매일매일 기쁘게 살고 있는
크리스천들의 복되고 아름다운 신앙 고백

김승욱
문희옥
김정하, 최미희
백승호

김 승 욱 / 할렐루야교회 담임 목사

11살에 미국으로 이민을 가서 주님을 만난 김승욱 목사는
성공을 향해 달려가던 삶을 추구하다가
자아가 온전히 깨어지는 경험을 통해 목회자의 길을 가게 된다.
1세대, 2세대, 3세대 이민 목회 비전을 품고
남가주 사랑의교회 담임 목사로 섬기며
미국의 100대 대형 교회로 순위 안에 들어가게 되는 은혜를 누린다.
그리고 35년 만에 다시 한국으로 부르신 하나님.
하나님 말씀에 순종하여 조국으로 돌아온 그는
할렐루야교회 담임 목사로 섬기며 3대의 부흥을 꿈꾼다.

3대가 하나 되는 교회의 꿈

낯선 땅에서 만난 하나님

저는 1974년 열한 살이 되는 해에 할머니를 모시고 부모님을 따라 미국으로 이민을 갔습니다. 낯선 나라에서 생활하면서 영어를 자유롭게 구사하는 데 꼬박 2년이 걸렸습니다.

저희 가정은 이민 생활 중에 인종차별과 생활고에 시달렸기 때문에 가정이 하나 되기가 힘들었습니다. 한국에서는 경제적으로 좋은 형편이었지만 미국에서는 재정적인 어려움을 많이 겪었습니다. 그러던 중 아버지가 몸이 매우 편찮으셔서 일을 하지 못하는 상황이 되셨고, 자연스럽게 어머니가 막노동을 하셔야 했습니다.

경제적인 어려움과 문화 충격으로 힘든 데다 부모님의 도움을 많이 받지 못하고 자라다 보니 어린 나이에 무슨 일이든 혼자 알아서 해야 한다는 부담감이 저를 무척 힘들게 했습니다. 초등학교 6학년이 되면서 두 명의 동생들을 돌보아야 했고, 신문 배달을 비롯해 과일 가게 점원 등 일찍부터 아르바이트를 시작했습니다. 당시 이민 사회에는 저와 같은 환경에 처한 친구들이 많았습니다.

그런 와중에 저는 외로움을 달래고 싶은 마음이 간절했는데, 어느 날 이런 고민을 했습니다.

'나도 교회에 한번 나가 볼까? 하나님이 진짜 계시면 하나님을 만나 볼까?'

당시에는 가족 모두 주님을 전혀 알지 못했습니다. 제가 열세 살이 되면서 친구들의 권유로 가족 중에서 가장 먼저 주님을 믿게 되었습니다. 어린 나이였지만 하나님을 간절히 찾는 마음이 있었습니다.

알고 보니 교회는 한인 학생들의 아지트였습니다. 한국어를 하는 또래 친구들과 형들 그리고 누나들이 많이 있었습니다. 저는 그들 덕분에 교회에 잘 정착할 수 있었습니다. 그렇게 교회를 다니기 시작하고 4개월이 지난 어느 날, 한 청년 집회에서 설교 말씀을 듣다가 깨달았습니다.

'하나님이 진짜 계시는구나! 하나님은 나를 정말 사랑하시고, 나를 위해 십자가에 달려 죽으셨구나! 나를 정말 사랑하시는 주님이 계시다면 이제 외롭지 않겠어! 하나님을 붙잡고 살면 힘을 얻겠어.'

이 사실이 마음으로 믿어지며 주님을 영접했습니다. 제가 믿음을 가질 수 있도록 성령께서 믿음의 눈을 뜨게 해 주신 것입니다.

처음에는 할머니가 교회를 다니는 것을 반대하셨습니다. 원불교를 믿으셨던 할머니는 종교가 바뀌면 가정에 화가 생긴다고 생각하셨던 것입니다. 부모님은 제가 교회를 다니는 것에 대해 뭐라 하지는 않으셨지만 마음으로 지지하지는 않으셨습니다. 그래서 저는 가족 구원을 위해 굉장히 많이 기도했습니다.

어린 마음에 연세가 많으신 할머니가 지옥 가시면 어떻게 하나 걱정을 많이 하며 간절히 기도했습니다. 할머니가 기도를 못하게 방해하셨기 때문에 할머니의 눈을 피해 화장실과 침대 밑에 숨어서 기도했습니다.

그리고 2년 후 하나님의 은혜로 어머니와 동생들이 먼저 주님을 믿게 되었습니다. 6년 후에는 할머니가 예수님을 영접하셨습니다.

아버지가 위암에 걸리셨는데 치료를 받지 않고 단식하시면서 정신력으로 질병을 이겨 내셨습니다. 지금 생각해 보면 하나님이 아버지를 구원하시려고 회복시켜 주신 것 같습니다. 아버지의 구원을 위해 꾸준히 기도한 끝에 제가 대학생 때 아버지가 주님을 영접하셨다고 어머니를 통해 듣게 되었습니다. 하나님께 얼마나 감사했는지 모릅니다.

이처럼 복음의 능력을 많이 체험하게 되면서 제 안에 조금씩 목회의 꿈이 생겼던 것 같습니다. 중학생과 고등학생 때 목회의 길을 가고 싶다는 마음이 들었습니다.

사실 대학교에서 역사학을 공부하고 나서 UN에서 일하고 싶었습니다. 하지만 대학교 졸업반 때 저를 키워 주신 목사님이 신학의 길을 강력히 권하셨습니다. 전에도 목회에 대한 부르심이 있는 것 같다는 생각을 하기는 했지만 사실 100% 확신이 있지는 않았습니다.

'목사님이 저렇게 권하시는데 한번 1년 동안 공부해 보고 아니면 그만둬야겠다.'

그런 생각으로 1년을 보냈습니다. 2학년이 되어 동급생들과 기도원에 가서 기도하는데, 하나님이 제 자아를 깨뜨리셨습니다. 기도하는 중에 하나님이 제 안에 UN에 들어가거나 국제 변호사가 되어 성공하겠다는 교만이 있다는 것을 보게 하셨습니다. 그리고 1학년 때 마음속으로 '더 멋진 길을 갈 수 있는데' 하고 생각했던 순간들이 떠올랐습니다.

기도원에서 이스라엘 지도자들의 타락에 대한 말씀을 들었는데 마치 하나님이 제게 하시는 말씀 같았습니다. 그 말씀을 듣고 저는 네 시간 동안 회개 기도를 했습니다.

'하나님, 저는 아무것도 아닙니다. 제 의는 하나님 앞에서 더러운 걸레입니다.'

그때 하나님이 저를 신학의 길로 부르셨다는 것을 굳게 확신하게 되었습니다. 그 후부터는 뒤돌아본 적이 없습니다. 하나님이 주신 비전을 따라가며 스물여섯 살에 결혼을 하고 신학 석사를 마쳤습니다.

다문화를 섬기는 한인 교회

어느 날 한 대학촌에 있는 데이비스한인교회에서 영어와 한국어를 구사할 수 있는 사역자가 필요하다며 젊은 나이인 제게 담임 목사를 제안하셨습니다. 그런데 저는 준비되지 않은 상태였고 자신감이 없었기 때문에 그 사역을 해야 할지 고민이 많이 되었습니다. 그리고 신학 공부를 더 하고 싶은 마음이 있어서 교수님들께 상담을 받았습니다.

"신학 공부를 하는 사람은 신학생 열 명 중 한 명이면 충분하다. 나머지 아홉 명은 선교사나 목회사가 되어야 한다."

이런 조언을 듣고 기도한 후 순종하는 마음으로 스물여덟 살에 처음으로 담임 목사로 섬기게 되었습니다. 모든 목회가 마찬가지겠지만, 특히 이민 목회에는 아픔이 많아서 목사보다는 '목자'가 필요한데 감사하게도 하나님이 제게 목자의 마음을 부어 주셨던 것 같습니다.

모든 것이 처음이었는데, 특히 성찬식과 결혼식 주례를 처음 하면서 실수도 많았습니다. 그렇게 서툴지만 배워 갔습니다. 성도들이 제 실수와 부족함을 너그럽게 품어 주어 감사하게 생각합니다. 그 시간을 통해 하나님이 저를 훈련하시며 키우셨던 것 같습니다.

데이비스한인교회에 이어 필라델피아한인교회를 섬겼고, 2004년에 남가주사랑의교회를 섬기기 시작했습니다. 남가주사랑의교회는 제자 훈련을 하는 교회이기 때문에 훈련된 성도들이 많았습니다. 그런 이유로 미국의 100대 대형 교회 순위 안에 들어간 것 같습니다.

저는 교회에서 1세대, 2세대, 3세대와 다음 세대가 함께하는 훈련 사역을 계승하기 위해 노력했습니다. 훈련을 위한 훈련이 아닌 선교와 하나님 나라를 위한 훈련 사역에 중점을 둔 것입니다.

보통 한인 교회는 한국인 공동체를 위해서만 사역하는 경우가 많은데 저는 저희가 속한 미국 사회와 다문화를 섬기는 커뮤니티 사역이 필요하다고 보았습니다. 하나님이 이민 교회를 세워 주신 이유가 세계 언어와 문화를 통해 하나님 나라를 세우시기 위함이라고 생각했습니다.

3대가 함께 예배드리는 교회를 꿈꾸지만, 이민 교회에서는 정말 쉽지 않은 일입니다. 이민 교회에는 자녀 세대와 부모 세대 간에 문화 차이가 있고, 언어 차이도 있기 때문에 훨씬 더 힘이 듭니다.

그래서 그것을 해결하기 위해 남가주사랑의교회에서 한 달에 한 번 3세대가 함께하는 '비전 예배'를 드렸습니다. 할아버지, 할머니부터 아이들에 이르기까지 모두 은혜를 받을 수 있는 찬양, 말씀과 프로그램, 그리고 언어를 한 달 동안 준비했고, 성령의 역사로 같은 비전 안에서 은혜를 많이 받았습니다.

"그 후에 내가 내 영을 만민에게 부어 주리니 너희 자녀들이 장래 일을 말할 것이며 너희 늙은이는 꿈을 꾸며 너희 젊은이는 이상을 볼 것이며"

(욜 2:28).

아버지 세대, 청년 세대, 그리고 자녀 세대 모두에게 한 성령께서 역사하셨기에 언어와 문화와 성향이 달라도 은혜가 같이 흐르는 것을 경험했습니다.

그전까지만 해도 남가주사랑의교회는 영어권 사역(EM, English Ministry)을 다른 부서로 구분 지어 사역하고 있었습니다. 이제는 다음 세대를 위해 대예배 한 시간을 할애하고 그들과 같은 비전을 가져야겠다고 생각해 '홀리 웨이브'(Holy Wave) 사역이라고 이름 지었습니다.

이 사역을 시작하게 된 계기가 있었습니다. 사역을 준비하는 과정에서 아내에게 암이 발견된 사건이었습니다. 저와 성도들은 놀라서 준비하던 사역을 잠시 내려놓고 하나님의 은혜를 구했습니다.

그때 저희는 하나님이 한 시대를 섬기는 사역을 허락하실 때는 저희의 꿈과 방법이 아닌 하나님의 방법으로 하신다는 것을 깨달았습니다. 하나님은 사역 직전에 모든 것을 내려놓고 하나님 앞에서 기도하게 하셨습니다.

온 성도가 기도하는 가운데 놀라운 깨달음을 모두에게 주셨습니다. 이 사역은 이민 사회를 섬기는 사역인데, 대가가 필요하다는 것을 알게 하신 것입니다. 저희는 아내의 암 투병이 바로 그 대가라고 깨달았고, 시대적 사명을 가지고 열심히 기도함으로 사역의 지평을 열었습니다.

저희가 예상하고 꿈꾸었던 것 이상으로 하나님이 사역 가운데 일하셨습니다. 하나님께 정말 감사합니다. 아픔과 어려움에는 반드시 하나님의 큰 뜻이 있다는 것을 그 사건을 통해 다시 배울 수 있었습니다. 아내는 몇 차례 수술을 하기는 했지만 하나님의 은혜로 더 건강해졌습니다. 하나님이 하신다는 확신이 있었기에 고통을 이겨 나갈 수 있었습니다.

한국으로의 부르심

저희 가정은 미국으로 이민 간 지 36년 만에 한국으로 돌아왔습니다. 처음에는 미국을 떠날 계획이 전혀 없었습니다. 만약 인간적으로 선택했다면 솔직히 한국에 들어오지 않았을 것입니다. 그 이유는 섬기는 교회가 정말 좋았고, 제 꿈이 이민 사회에서 선교하는 것이었기 때문입니다. 그래서 할렐루야교회에서 처음 제의가 왔을 때 정중하게 답했습니다.

"감사합니다. 하지만 저는 못 갑니다."

할렐루야교회에서는 그전부터 오랜 시간 기도해 오셨는데, 또다시 기도를 많이 하시면서 저를 기다려 주셨습니다. 거절하고 1년이 지난 후 저 역시 자연스럽게 할렐루야교회에 대해 기도하기 시작했고, 저희 부부에게 확실한 응답이 와서 순종하며 한국에 들어왔습니다.

한국에 들어와서 2010년부터 할렐루야교회를 섬기기 시작했습니다. 처음에는 환경의 변화로 힘들었지만, 살려고 온 것이 아니라 사역하러 온 것이었기 때문에 하나님이 은혜를 주셨습니다. 그리고 할렐루야교회의 원로목사님, 목회자분들, 장로님들과 성도님들을 통해 부족함을 채워 주셨고, 사역을 통해 적응을 잘할 수 있었습니다.

처음 할렐루야교회에 와서는 '예수님 드높임'을 중점으로 설교했습니다. 저뿐만 아니라 할렐루야교회와 한국 교회가 처음부터 예수님을 새롭게 만나는 것이 필요하다는 생각이 들었기 때문입니다. 말씀이신 예수님이 하나님으로부터 많은 것을 받은 저와 교회를 씻어 주실 것이라 믿습니다.

"이는 곧 물로 씻어 말씀으로 깨끗하게 하사 거룩하게 하시고 자기 앞에 영광스러운 교회로 세우사 티나 주름 잡힌 것이나 이런 것들이 없이 거룩하고 흠이 없게 하려 하심이라"(엡 5:26-27).

3대의 부흥을 꿈꾸며

저는 아버지 세대뿐 아니라 2세대, 그리고 3세대까지 부흥이 일어나야 한다고 생각합니다. 그래서 제가 미국에서 한국으로 들어올 때 청년 사역과 찬양 사역을 하는 두 사역자에게 한국에 가자고 제안해서 함께 왔습니다. 청년들이 주님 안에서 살아나야 함께 비전을 바라보며 하나님의 뜻을 이루어 갈 수 있다고 생각했기 때문입니다.

한국에 와서 보니 공부가 우상이 되어 버린 이 시대의 자녀들에게 부흥이 필요하다는 것을 느낄 수 있었습니다. 하나님께서 자녀들도 예언을 한다고 말씀하셨기 때문에 저는 그들에 대한 꿈이 큽니다.

그들을 중보 기도의 사명자로 세우고 싶습니다. 지금 교회학교가 많이 소극적이어서 안타까운데 아이들을 중보 기도자로 세우면 하나님께서 귀하게 사용하실 줄 믿습니다. 아이들 가운데 중보 기도의 운동을 일으키고 싶습니다.

아이들이 말씀을 스스로 들을 수 있는 영성을 갖도록 그들의 귀를 열어 주고 싶습니다. 하나님의 말씀이 희귀했을 때 어린 사무엘이 하나님의 음성을 듣자 어른 엘리가 옆에서 어떻게 그 말씀을 따라야 할지 인도해 주었습니다. 엘리가 하나님의 음성을 대신 들려주지는 않았습니다. 하나님의 말씀이 희귀할 때 하나님께서 아이들에게 말씀하시는데, 그들이 들을 수 있도록 영성을 키워 주었으면 합니다.

저는 청년들의 부흥과 함께 아이들의 부흥도 꿈꿉니다. 현재 인도네시아, 인도, 아프리카에 어린이들의 중보 기도 운동이 일어나고 있는데, 하나님께서 하시는 일이 놀랍습니다. 오늘날 하나님이 놀라운 부흥을 일으키시는데, 아이들의 중보 기도를 통해 하나님께서 마음을 움직이시는 것 같습니다. 자녀들을 중보 기도자로 세우는 것이 제 비전입니다.

전 세계에 우리나라는 기도하는 나라로 알려져 있습니다. 저는 우리나라에 기도 운동이 다시 한 번 일어났으면 좋겠습니다. 새벽 기도와 철야 기도를 드리는 영성을 다음 세대에 반드시 물려주어야 한다고 생각합니다. 저희 부모님 세대가 가졌던 기도의 영성이 청년들과 아이들에게 그대로 물려져 그들이 더 놀라운 능력과 영성을 체험하고 그다음 세대에게도 물려주었으면 좋겠습니다.

문 희 옥 / 가수

1990년대에 트로트가 대중화되면서 여왕으로 등극한 가수 문희옥.
그 당시 젊은 트로트의 새 바람을 일으키며
「사랑의 거리」, 「강남 멋쟁이」 등 발표곡마다 히트하며 인기를 몰고 왔다.
고등학생 때 트로트 가수로 데뷔해
각 방송사 가수상은 물론, 골든디스크상까지 수상한 그녀는
건강과 재산, 모든 것을 다 잃는 고난을 통해 하나님을 은혜를 깊이 받는다.
작은 것에 만족하고 감사하며 순종하리라 고백하며
이제는 그녀가 예배자로 서서 하나님의 사랑을 노래한다.

예배는 나의 피난처

믿음으로 빚을 갚다

저희 아버지는 황해도에서 홀로 이남으로 내려오셨습니다. 친가가 없다 보니 외로우셔서 다섯 남매의 가정을 꾸리셨습니다. 어머니는 넷째인 제가 사내이기를 바라셨는데 딸이어서 산부인과에 가셨다고 합니다. 그런데 다행히 의사 선생님이 식사하러 가셔서 기쁜 마음으로 저를 낳았다는 이야기를 들려주셨습니다.

가족이 화목하게 지내던 어느 날, 제가 일곱 살이 되던 해에 아버지가 갑자기 쓰러져 돌아가셨습니다. 남겨진 어머니는 홀로 다섯 남매를 키우셔야 했습니다.

"너희가 착해서 나는 고생 안 했어."

어머니는 육체적인 고생을 많이 하셨지만 전혀 내색하지 않으셨습니다. 일찍 돌아가신 아버지 덕분에 저희 가족은 교회에 나가게 되었습니다. 당시 옆집에 한 장로님이 사셨는데 아버지의 장례를 도와주셔서 저희 가족이 큰 은혜를 입었습니다.

"우리가 이 은혜를 하나님을 믿는 것으로 갚자."

어머니의 말씀에 가족 모두 교회를 다니기 시작했습니다. 첫째 언니가 철야 예배도 드리고 신앙적으로 가장 열심히 였는데, 우리 가족에게 아버지 역할과 신앙의 기둥 역할을 해 주었습니다. 하나님은 그렇게 저희 가정에 찾아오셔서 신앙적으로 하나가 되도록 이끌어 주셨습니다.

든든한 어머니와 형제들 덕분에 저는 어린 시절에 고생하며 자라지 않아서 어머니의 고통이 무엇인지 잘 몰랐습니다. 그런데 저도 아이를 낳고 나이가 들면서 어머니의 마음을 느끼게 되는 것 같습니다. 홀몸으로 다섯 남매를 키우는 일이 정말 쉽지 않은 일이라는 것을 이제 아주 조금은 알 듯합니다. 그래서 이제는 어머니 생각만 해도 눈물이 흐릅니다.

2014년, 저희 어머니는 문화체육관광부에서 예술가의 장한 어머니 상을 받으셨습니다. 일곱 명의 예술가의 어머니들에게 주는 상인데, 78년 평생 고생하신 어머니에게 하나님이 주신 상인 것 같습니다. 사랑으로 저희를 키워 주신 어머님과 하나님께 감사합니다.

하나님은 필요 없어

따뜻한 신앙의 가정에서 자란 저는 고등학생 때 데뷔를 했습니다. 「팔도 메들리」라고 지역 사투리들을 넣어 트로트를 불렀는데 감사하게도 많은 사랑을 받아서 일주일 만에 앨범 360만 장이 판매되었습니다. 독창적인 창작 메들리로 선풍을 일으킨 것은 제가 최초였습니다.

당시는 테이프 판매가 왕성한 시절이었습니다. 다양한 음반 업자들이 제게 이렇게 인사를 해 준 것이 기억에 많이 남습니다.

"우리기 문희옥 씨 덕분에 먹고살았어요."

당시는 오늘날과 달리 행사보다는 야간 업소가 주 수입원이었습니다. 야간 업소에서 저를 많이 찾아 주었는데, 저는 그때 야간 업소에서 노래하는 일이 정말 힘들었습니다. 왜냐하면 깨끗하게 번 돈으로만 십일조를 내야 한다고 생각했기 때문입니다. 야간 업소 무대에 처음 섰을 때는 그 어두운 풍경이 싫어서 정말 떨렸습니다.

"하나님, 제가 이런 곳에서 노래하며 돈 버는 게 아니라 좀 더 멋진 무대에서 노래했으면 좋겠어요."

이렇게 기도하면서 이를 악물고 노래했습니다. 야간 업소 무대로 제법 큰돈을 벌 수 있었지만 십일조를 할 때마다 하나님께 죄송해서 울었습니다. 제 노래가 사람들을 좋은 길로 인도하는 곳에서 불려야 하는데, 죄 짓는 곳의 무대에서 불리는 것이 정말 죄송했던 것입니다.

그런 마음이 있다 보니 제가 설 수 있는 무대가 점점 줄어들게 되었습니다.

그러던 어느 날, 세종문화회관에서 공연을 하게 되었습니다. 하나님은 그날 제 생각을 바꿔 주셨습니다.

'그러면 이렇게 크고 멋진 무대의 관객들은 죄가 없는 거니?'

생각해 보니 정말 그랬습니다.

'술집에 있던 사람들이 말끔하게 옷을 입고 큰 공연장에 와서 공연을 보면 죄가 없어지나? 아, 그것이 아니구나!'

그 순간, 장소에 대한 선입견이 사라지게 되었고, 세상을 보는 관점이 새로워졌습니다. 저는 하나님이 주신 달란트를 최대한 발휘해야겠다고 다짐했습니다. 하나님의 생각을 깨닫기까지 10년이 넘게 걸렸습니다. 그 후부터는 마음에 자유를 누리면서 어느 무대든 감사할 수 있게 되었습니다.

그렇게 열심히 가수 생활을 하고 인기를 누리면서 신앙생활을 잘 유지하기가 힘들어졌습니다. 돈을 잘 벌게 되고 어디를 가도 환영을 받으니까 어느 순간 하나님이 필요 없다고 느껴진 것입니다. 제가 잘해서 인정을 받는 것이라는 생각이 들면서 보이지 않는 하나님을 무시하게 되었습니다.

처음 주일 성수를 안 했을 때는 하나님께 혼이 날 줄 알았습니다. 바로 큰 벌을 받을 것만 같았는데 아무 일도 일어나지 않았습니다.

'어? 아무렇지도 않네?'

저는 그렇게 하나님 눈치를 보며 신앙의 끈을 더 느슨하게 풀기 시작했습니다. 그리고 하나님과 점점 멀어지게 되었습니다.

고난을 통해 얻은 것

그러던 어느 날, 몸이 아프기 시작했습니다. 게다가 모든 재산을 잃게 되었습니다. 건강과 재산을 다 잃고 주변의 도움이 전혀 없게 되자 하나님은 제가 고난을 통해 하늘을 바라보게 하셨습니다. 딩자가 쥐엄 열매를 먹을 때는 하나님을 찾지 않았던 것처럼, 제게 아무것도 없게 되자 저는 하나님을 찾게 되었습니다. 쥐엄 열매를 못 먹는 것도 은혜임을 깨달았습니다.

몸과 마음이 매우 힘들 때 저는 예배 가운데 하나님께 이렇게 기도했습니다.

"하나님, 좋은 주의 종을 만나고 싶습니다. 선한 목자가 있는 교회로 인도해 주십시오."

그렇게 기도하며 하나님의 인도를 기다리던 어느 날, 작고 오래된 교회를 가게 되었는데 목사님의 설교 말씀이 꿀밀처럼 느껴졌습니다. 그 교회는 현재 출석하고 있는 강남비전교회입니다. 3년 동안 신분을 숨기고 교회를 출석했고, 마침내 제 달란트로 교회를 섬기기로 결단했습니다.

목사님께 말씀드리기 위해 면담을 하면서 제 앨범 CD에 사인을 해서 드렸습니다. 목사님은 CD를 받으며 말씀하셨습니다.

"아, 여기서 일하세요?"

저를 못 알아보고 물어보신 것이었습니다.

"제가 문희옥인데요."

"네?"

화들짝 놀란 목사님은 연거푸 못 알아봐서 미안하다고 말씀하셨습니다. 웃으며 괜찮다고 말씀드리고 그다음 주에 바로 교회에 정식 등록을 하고 섬기기 시작했습니다.

몸과 마음이 힘들었던 그 시기에 아들처럼 아꼈던 다섯째, 막냇동생이 천국에 가게 되었습니다. 재산과 건강, 그리고 동생까지 한순간에 모든 것을 잃은 것입니다.

어느 날, 동생이 갑자기 쓰러져서 한 달 동안 의식이 없었습니다. 당시 외가 친척과 교인들이 합심 기도를 해 주었는데, 저는 사실 그때 기적이 일어날 줄 알았습니다. 하지만 제 기대와 다르게 하나님의 기적은 아픔 없이 동생을 데려가시는 것이었습니다. 그래도 하나님의 은혜로 저희 가족은 감사한 마음으로 동생을 보낼 수 있었습니다.

이처럼 저는 고난을 통해 하나님의 은혜를 얻고 나서는 작은 것에 감사하며 만족하게 되었습니다. 처음에는 부족하게 사는 삶이 익숙하지 않았습니다. 전에는 고급 스테이크를 먹고 후식까지 먹었던 제가 이제는 김치에 밥만 먹어도 살 수 있다는 것을 느꼈습니다. 모든 것이 없어도 하나님만 있으면 살 수 있다는 것을 깨닫게 된 것입니다. 제게 딱 맞는 천국을 찾았습니다. 영적 영양실조가 회복되었을 때 그 사실을 느낄 수 있었습니다.

'인생의 방황은 예수님을 믿으면 해결이 되고, 신앙의 방황은 좋은 교회를 만나야 해결이 된다.'

하나님이 예비하신 좋은 교회를 만나 하나님의 말씀을 잘 듣고 신앙을 회복하며 자라게 인도하신 하나님께 감사합니다. 저를 위해 준비해 놓으신 좋은 교회로 인도해 달라고 기도하면 하나님이 반드시 이루어 주십니다.

힘든 시기를 보내는 중에 하나님이 정말 귀한 동역자를 만나게 해 주셨습니다. 그때 소속사를 옮기게 되었는데 그곳 사장님이 유명한 불교 사찰 주지 스님의 손자셨습니다. 그래서 불가피하게 불교 관련 행사에 많이 나가게 되었습니다.

"아, 하나님, 이건 아닌데요. 종교 문제로 계약을 파기할 수도 없고 어떻게 하면 좋을까요?"

많은 고민 끝에 사장님께 예수님을 전했습니다. 그때 사장님이 제게 물으셨습니다.

"하나님이 정말로 계시나요? 어떻게 하면 하나님을 알 수 있나요?"

사장님의 진지한 질문에 제가 대답했습니다.

"그러면 성경책을 읽어 보세요."

그렇게 사장님이 성경책을 읽기 시작하셨는데, 한 번 읽고 나서는 뒤통수를 맞는 것 같았다고 하시는 겁니다. 불교에서는 도를 닦기가 정말 힘든데 하나님을 믿는 것이 너무 간단하고 쉬워서 놀라신 것이었습니다. 사장님은 정말 쉽다고 하시면서 성경을 다섯 번이나 통독하셨습니다.

하나님은 그렇게 사장님을 하나님께로 이끄셨습니다. 하나님이 여러 힘든 상황을 통해 사장님을 점점 변화시키시는 것을 보게 되었고, 저 또한 하나님의 손으로 함께 다듬어져 갔던 것 같습니다.

"사장님이 하나님께 순종하시면 제가 사장님께 순종할게요."

사장님을 전도하면서 제가 했던 말입니다. 하나님께 순종하면 사장님이 바르고 옳은 길로만 갈 것 같았기 때문입니다.

사장님은 제게 이렇게 말씀하셨습니다.

"그러면 희옥 씨가 힘들더라도 하나님을 잘 붙잡을 수 있도록 저를 잘 인도해 주세요."

고난이 계속되면서 정말 힘이 들어서 인도를 포기하고 싶은 순간도 사실 있었습니다.

지금까지 그 소속사에 있는데, 사장님이 어느 날 제게 이렇게 말씀하셨습니다.

"희옥 씨가 저를 인도하지 않았으면 저는 아직도 우상을 섬기면서 많은 사람을 지옥으로 인도했을 거예요. 그 죄를 멈출 수 있도록 저를 인도해 주어서 참 고맙습니다."

그 말을 들었을 때 감사한 마음에 울컥했습니다.

하나님께 순종하기 원합니다

저는 고난 가운데 하나님이 역사하시고 은혜 주심을 느끼며 음반 활동을 지금까지 해 오고 있습니다. 그리고 최근에는 오페라와 스포츠 댄스 등 새로운 시도를 하고 있습니다.

가수는 일반적으로 한 분야에서만 전문적으로 활동합니다. 그런데 정통 트로트를 하는 가수인 제게 다른 장르의 음악을 해볼 기회가 찾아온 것입니다. 사실 로커인 신해철 씨가 도전한다는 말을 듣고 트로트 가수로서 도전 의식이 생겨서 참가하게 되었습니다.

한 방송사에 신설된 오페라 대결 프로그램이 있었는데 저를 포함해 한 번도 오페라를 해본 적이 없는 참가자들이 나왔습니다. 트로트 가수 대표로 제가 참가하게 되었는데, 다양한 언어로 불러야 하는 오페라 곡들이 매우 어려웠습니다.

그때부터 집에 가서 매일 울었습니다. 막상 도전하고 나니 주어진 과제들이 정말 힘들었던 것입니다. 연습하는데 오페라 음역이 너무 높아서 소리가 안 올라갔습니다.

"하나님, 저더러 어떻게 하라고 이걸 시키셨어요?"

제가 선택한 결정이었는데 하나님을 원망하기도 했습니다.

"하나님, 저 여기까지면 충분해요."

그런데 문자 투표로 결정되는 서바이벌 대결에서 감사하게도 준결승까지 살아남았습니다. 매니저가 준결승 곡이라며 건네준 악보를

본 순간, 저는 펑펑 울었습니다. 그리고 하나님께 기도했습니다.

"아, 이래서 저 이거 시키신 거예요?"

준결승으로 주어진 곡은 '자비로운 예수님'이라는 뜻의 「피에 예수」(Pie Jesu)였습니다. 방송에서는 다 편집되기 때문에 평소에는 예수님의 이름을 쉽게 언급할 수 없습니다. 그런데 그 곡에는 예수님의 이름이 여덟 번이나 나왔습니다. 그제야 그 프로그램에 참여하게 하신 하나님의 계획을 깨달았습니다. 하나님이 제 달란트인 목소리를 사용해 주심에 정말 감사했습니다.

하나님이 제게 어떤 사명을 주셨는지는 모르겠지만 하나님이 깨달음을 주시면 그때마다 순종하고 나가기를 소원합니다.

"주 여호와께서 학자들의 혀를 내게 주사 나로 곤고한 자를 말로 어떻게 도와줄 줄을 알게 하시고 아침마다 깨우치시되 나의 귀를 깨우치사 학자들 같이 알아듣게 하시도다"(사 50:4).

이 말씀처럼 학자의 귀로 하나님의 말씀을 잘 듣고, 학자의 혀로 하나님이 하신 일을 간증하는 입술과 지혜를 갖게 되기를 기도합니다.

Rejoice Everyday

김 정 하
최 미 희 부부 / 샬롬교회 담임 목사

현재 루게릭병을 앓고 있는 김정하 목사는
건강할 때 구두를 닦아 해외 8명의 어린이에게 후원금을 전달해 왔다.
루게릭병으로 인해 거동이 어려워
늘 그 옆을 지키고 손과 발이 되어 주는 최미희 사모.
루게릭병을 넘어 세계에서 유일하게 글로 설교하는 김정하 목사는
비록 몸이 약해지나 복음을 향한 열정은 더 강해진다고 고백한다.
오늘이 마지막이라는 생각으로 주일을 준비하는 두 사람은
사명의 반석 위에서 하나님이 허락한 천국의 행복을 누리고 있다.

루게릭병의 만 가지 은혜

일곱 번의 죽음과 하나님의 은혜

저(김정하 목사)는 세 살 때 부모님이 이혼하시면서 할머니의 보살핌을 받았습니다. 불우한 가정환경으로 인한 마음의 상처가 너무 커서인지 저 역시 남들에게 상처를 많이 주며 자랐던 것 같습니다.

어렵사리 고등학교를 졸업하고 방송통신대 중어중문학을 전공하던 중 축제날이 되었습니다. 같은 대학 선후배로 처음 아내를 만났습니다. 아내는 국어국문학을 전공했습니다. 저는 무척이나 수수하고 착한 아내의 심성에 반했고, 곧 결혼까지 이르게 되었습니다.

결혼을 하고 가장이 된 저는 안 해본 것 없이 많은 일을 했습니다. 리어카 장사부터 시작해 40여 가지의 일을 했습니다. 죽을 고비도 여러 번 넘겼습니다. 연탄가스를 세 번이나 마셨고, 감전 사고, 물에 빠진 사고, 그리고 교통사고와 폐결핵의 위기로 죽을 뻔한 적이 한두 번이 아니었습니다. 엎친 데 덮친 격으로 IMF 때 사업에 위기가 찾아왔습니다. 그때는 정말 견디기 힘들었습니다.

결국 저희 가정은 모든 것을 접고 시골로 내려갔습니다. 그 시절에는 먹을 것이 없어서 부근에 있던 군부대에서 버린 동태를 건져서 끓여 먹곤 했습니다. 현실은 그처럼 녹록치 않았지만 이상하게도 제 삶은, 제 마음만은 대통령도 부럽지 않았습니다.

"나는 불신 대통령도 부럽지 않다. 나는 구원받았기 때문이다."

지금 생각해 보면 하나님이 작은 것에도 감사할 수 있는 마음을 주셨던 것 같습니다.

그곳에는 제 선후배가 많이 모여 살고 있었습니다. 예수님을 믿지 않았던 그들은 저에게 자꾸 술을 권했습니다. 계속 거절하다가 마지못해 술을 한 잔 들이켰습니다. 오직 저만 바라보고 시골에 따라 내려온 아내는 그 모습을 보고는 하나님께 울며 기도했습니다.

"하나님, 남편 고향이라고 해서 오로지 남편만 보고 이곳에 내려왔는데 이게 대체 어떻게 된 겁니까?"

통곡하며 가슴을 찢는 아내에게 하나님은 잔잔한 음성을 들려주셨습니다.

"네 남편을 사용하기 위해 세상과 분리하는 중이란다."

그 순간, 아내의 마음에 깊은 평안이 찾아왔습니다. 그리고 이후에는 잠잠히 하나님을 바라보며 기다렸습니다.

오두막의 행복

저희 시골집은 오두막이었습니다. 산속에 아무도 살지 않는 땅이 있어서 폐자재를 주워 오두막을 짓고 살았습니다. 생계를 위해 버려진 버스 한 대를 가져다가 집 앞에 놓고 버스 카페를 운영했습니다.

그런데 어느 날, 불이 났습니다. 깜짝 놀란 저희 가족은 불이 난 집에서 얼른 나와 교회에 피신해 있었습니다. 어린 아들과 딸은 순수한 믿음으로 손을 마주 잡고 열심히 기도했습니다.

"하나님, 저희 집과 버스는 타지 않게 해 주세요."

간절히 기도하기는 했지만 사실 기적을 기대하지는 않았습니다. 왜냐하면 집이나 버스가 불에 탈 수밖에 없는 상황이었기 때문입니다. 너무 가난해서 귀중품이 없었기 때문에 집이 타도 그리 아깝지는 않았습니다. 가난이 은혜로 느껴진 순간이었습니다.

그렇게 하룻밤을 교회에서 보내고 다음 날 아침에 집을 찾아갔습니다. 순간, 저희 눈앞에 믿지 못할 광경이 펼쳐졌습니다. 마치 누군가

방어막을 쳐 놓은 듯 집과 버스 주변으로 네모반듯하게 선이 그어 있었습니다. 하나님이 아이들의 기도를 들으셔서 버스 카페와 집을 지켜 주신 것입니다!

저는 원래 무신론자였습니다. 그래서 주의 종이 되는 길은 나와는 무관하다고 생각했습니다. 언젠가 IMF가 터지기 전에 한 목사님이 신학을 공부해 보라고 권유하신 적이 있었습니다. 하지만 당시는 그것이 제 길이 아니라고 생각했습니다. 그러다 결국 15년을 돌고 돌아 화재 사건을 만난 것입니다.

그 사건이 있은 후 저희에게 필요한 물건이 있으면 하나님이 주변에 가져다 놓곤 하셨습니다. 집에 전기가 들어와야 한다거나 사소한 기도 제목이 있을 때면 저희 부부는 늘 아이들과 함께 손을 잡고 기도했습니다. 그러면 하나님이 하나님이 하시는 일을 경험하게 하셨습니다.

"무슨 일이든 늘 기도하렴."

저희 부부가 아이들에게 늘 하는 말입니다. 하나님이 이루시는 것들을 함께 보면서 아이들의 신앙도 하나님이 키우시며 인도하시는 것 같습니다.

어느 날, 저는 하나님 앞에서 기도하던 중 버스 카페의 수입이 50만 원만 되면 신학을 시작하겠다고 서원했습니다. 첫째 달 수입을 떨리는 손으로 계산하는데, 모두 49만 8천 원이었습니다. 아닌가 보다 하며 내심 안심했습니다. 이어서 둘째 달 수입을 계산하는 날이 되었습니다. 도합 50만 2천 원이었습니다. 저는 하나님께 서원한 대로, 하나님의 뜻에 순종하는 마음으로 그 길을 가게 되었습니다.

샬롬교회, 진정한 샬롬을 위하여

하나님의 인도로 신학대학원을 다니고 있을 때 무일푼으로 샬롬교회를 개척했습니다. 놀랍게도 개척 당시 교회에 필요한 모든 것을 하나님이 주변의 도움으로 다 채워 주셨습니다.

개척하고 1년은 사택이 없이서 한 방에 네 가족이 살았습니다. 그런데 6년 전 강원도에 지낼 당시 집사로서 전도했던 할아버지가 어느 날 개척 소식을 듣고 교회를 찾아오셨습니다. 할아버지는 저희의 형편을 보시더니 갑자기 주머니 속에서 통장을 하나 꺼내서 주셨습니다. 그렇게 우리는 하나님의 도움으로 사택을 갖게 되었습니다.

샬롬교회 개척 초기, 새벽에 기도를 하다가 이런 감동이 왔습니다.
"너희 교회는 서머나교회, 빌라델비아교회와 같다."
그래서 기도를 빨리 끝내고 와서 성경책을 펼쳐 찾아보았습니다. 저는 서머나교회와 빌라델비아교회에 관한 말씀을 읽으며 큰 힘을 얻었고, 이후 샬롬교회가 추구하는 교회의 모습으로 삼았습니다. 하나님은 말씀처럼 고아, 알코올중독자 등이 많이 모이게 하셨습니다. 저희 가정은 그들을 최선을 다해 섬기고 있습니다. 하나님의 만지심을 통해 점점 변해 가는 성도들을 보며 늘 은혜를 받습니다.

저희 가족이 살았던 시골에는 조상들로부터 물려받은 땅이 있습니다. 저희 가정이 큰 힘과 안식을 누렸던 곳이기에 그 땅을 떠나면서 땅의 쓰임을 위해 10년간 기도했습니다. 기도하면서 제 마음 가운데 해외에서 선교하다 은퇴한 선교사들이 한국에 오면 거할 처소가 없다는 생각이 들었습니다. 원래 저는 중국 선교에 뜻이 있었습니다. 하지만 뜻을 이루기가 어려워 '컴패션'이라는 선교 단체를 통해 선교사 양육을 담당해 왔습니다. 그러면서 선교사들이 잠시 쉴 수 있는 쉼터를 위해 기도해 왔습니다.

아직 개척 교회다 보니 재정이 많이 부족해 고민하고 또 고민했습니다. 그러던 어느 날 '해비타트'에서 은퇴 선교사들을 위해 집을 짓는다는 광고를 보았습니다. 저는 즉시 연락했고, 지금은 여건과 환경에 맞춰 잘 준비되도록 계속 기도하고 있습니다.

또한 개척교회 초반에는 제가 구두를 닦아 번 돈을 해외 8명의 어린이들에게 후원금으로 전달하기도 했습니다. 물론 루게릭병이 발병한 후 6개월 이상 지속하지는 못했지만 말입니다.

저는 지금 루게릭병을 앓고 있어서 말하는 것도 힘이 듭니다. 그래서 설교도 글로 하고 있습니다. 아내가 말도 거동도 불편한 제 손과 발이 되어 주어 그림자처럼 동행하고 있습니다. 아내가 일으켜 세워 놓으면 겨우 서 있습니다. 움직일 수 있는 곳이 거의 없어 전적으로 아내에게 의지합니다. 아내가 제 말을 듣고 사람들에게 통변도 해 주고 있습니다.

비록 몸은 점점 약해지고 있지만 복음을 향한 열정만큼은 점점 강해지고 있음을 고백합니다. 늘 사명의 반석 위에서 하나님이 허락하신 천국의 행복과 진정한 샬롬을 누리기를 소원하고 있습니다.

가난과 고난의 축복

저(최미희 사모)는 결혼하기 전에는 간호사였습니다. 직장 생활을 하면서 환자를 많이 만났는데 남편에게 루게릭병이 오자 그전엔 제가 환자를 제대로 간호하지 못했다는 생각이 들었습니다. 순간순간 최선을 다하기는 했지만 환자들의 마음까지 돌보지는 못했다는 사실을 깨달았습니다.

저는 남편을 보면서 많은 것을 느꼈습니다. 루게릭병으로 5년째 투병 중인 남편을 챙기며 사실 힘든 시간도 많았습니다. 루게릭병이 오기 전과 후의 삶이 무척 달랐기 때문입니다.

루게릭병이 오기 전에 남편은 무척 무서운 사람이었습니다. 군대식으로 완벽을 추구했기 때문입니다. 한때는 남편이 너무 무서워서 이런 마음이 든 적도 사실 있었습니다.

'아, 하나님, 차라리 남편이 바람을 피워서 다른 사람에게 갔으면 좋겠어요.'

그런데 남편에게 루게릭병이 오고 나서 그가 어린 시절에 가족의 사랑을 많이 못 받았다는 사실을 깨닫게 되었습니다. 받은 사랑이 없었기 때문에 누군가에게 사랑을 주기가 어려웠던 것입니다. 저는 항상 사랑받기만을 기대했는데, 어느 날 남편을 보며 미안한 마음이 들었습니다.

루게릭병이 오고 나서 많은 것이 바뀌었습니다. 남편을 향한 기대를 다 내려놓았습니다. 그리고 대신에 제가 사랑의 마중물을 부어 주었습니다. 제가 바뀌자 남편도 바뀌었습니다. 그 후 남편이 제게 자주 해 주는 말이 있습니다.

"사랑한다. 고맙다. 천사야."

남편의 따뜻한 말을 듣고 있자니 '내가 그동안 너무 마중물을 붓지 못했구나' 하고 생각했습니다. 그러면서 루게릭 투병의 삶이 참 복된 삶이라는 것을 깨달았습니다.

언젠가 남편의 발을 씻어 주면서 이런 생각을 했습니다.

'아, 이것이 내 사명이구나.'

교회를 개척하면서 사명이란 굉장히 크고 원대하며, 내가 모르는 무언가를 배워서 해야 하는 것이라고 생각했습니다. 그런데 요즘은 하나님이 제가 제일 잘하는 것을 사명으로 주셨다는 생각이 들었습니다. 하나님이 옆에서 보시는 듯 최선을 다해 발을 닦아야겠다는 생각이 들었습니다. 저도 사람인지라 가끔은 몸이 피곤해서 남편의 몸을 대충 닦아 주고 싶을 때가 있습니다. 그런데 그때마다 '하나님 앞에서 내가 사명자이지!' 하면서 정말 제대로 하려고 노력합니다. 사명감으로만 감당할 수 있었던 일들입니다.

생각해 보니 그동안 남편에게 제대로 한 게 없었습니다. 결혼한 지 29년이 되었는데 그중에 5년이 전부였던 것 같습니다. 그전에는 사실 대가를 기대하면서 했기에 하나님 앞에서 볼 때는 아무것도 안 한 것과 같았습니다. 기도하는 중에 하나님이 마음에 감동을 주셨습니다.

"5년 전과 지금을 바꿀래?"

저는 사실 이전에는 루게릭병이 사라지게 해 달라고 기도했는데, 시간이 흐르면서 마음이 바뀌었습니다.

"하나님, 지금도 감사해서 바꾸지 않겠어요."

제 대답에 하나님은 인자하게 답해 주셨습니다.

"그래, 됐다. 그 말을 기다렸단다."

남편에게는 루게릭병이 정말 고통스럽고 힘들겠지만, 제가 남편의 병으로 인해 받은 은혜는 말로 다 표현할 수 없습니다.

어느 날엔가 남편이 저를 향해 100가지 감사를 고백했습니다.

"루게릭 통역을 해 줘서 감사하다. 양치해 주고, 침 닦아 주고, 발 씻겨 주고, 생선 가시를 발라 주고, 혀에 붙은 음식을 씹어 넘길 수 있게 밀어 줘서 감사하다. 작은 모든 것 하나하나가 감사하다."

저희 남편은 늘 마지막이라는 생각으로 주일을 준비하고 강단에 오릅니다. 저희 가정에게 있어서 루게릭병의 고통은 영혼의 평안과 하나님의 만 가지 은혜와 사랑을 받는 통로가 되었습니다. 이미 일곱 번이나 죽을 뻔했기 때문에 지금은 하루하루가 보너스입니다. 저희 가정은 지금 여기서 부족함 없이 천국을 살고 있습니다.

다만 바람이 있다면, 앞으로 여러 아이들의 손을 더 많이 잡아 줄 수 있었으면 좋겠습니다. 또 북한에 컴패션이 들어가고, 해비타트를 통해 선교사 쉼터가 잘 세워졌으면 합니다. 그리고 샬롬장애인센터 사역을 통해 하나님의 영광이 드러나기를 기도합니다.

Rejoice Everyday

백승호 / 인천백병원 원장

항상 최고를 꿈꾸다가 차선의 선택으로
인도하신 하나님을 만난 젊은 의사 백승호.
사람을 살리겠다는 사명으로 병원을 시작한 그는
하나님의 사명을 따라가던 어느 날 뇌종양을 발견하게 되고
죽음의 위기 속에서 하나님의 은혜로 믿음을 다진다.
현재 인천백병원장인 그의 사명은 "지으신 손과 고치는 손이 함께하고
육체와 영혼을 회복시켜 이 땅에 에덴을 회복시키는 것"이다.
그는 병원을 통해 하나님의 사역이 이루어지기를 늘 기도한다.

빈 들을 채운 사명

너는 커서 의사가 되어라

1930년대 즈음, 충남 당진 송학이라는 시골 동네에 처음으로 교회가 들어왔습니다. 그때 목사님이 처음 예배드린 곳이 바로 저희 외할아버지 댁 마루였습니다. 어머니는 이처럼 독실한 기독교 집안에서 자라셨습니다. 반면 친할머니는 독실한 원불교 신자셨습니다. 어릴 때 친할머니가 저를 많이 돌봐 주셨는데, 할머니 손을 붙잡고 원불교를 다녔던 기억이 있습니다.

중학교 2학년 어느 날엔가 하나밖에 없는 여동생이 제게 말했습니다. 여동생은 당시 초등학교 6학년이었습니다.

"오빠, 나 소원이 있어. 그것 좀 들어줘."

"뭐야? 오빠가 들어줄게."

"나 따라서 교회 한 번만 같이 가 줘."

"어렵지 않지. 나 원불교도 매일 가는데 교회도 갈 수 있지. 가자!"

저는 그렇게 동생의 소원대로 교회에 첫발을 내디뎠습니다. 처음 가 본 교회에서 마음 따뜻한 장로님을 만났는데 그분이 저에게 다음 주에도 오라고 하셨습니다. 그래서 저는 다음 주에도 동생과 함께 교회에 갔습니다. 장로님이 제게 이렇게 말씀하셨습니다.

"우리 중등부에 회장이 없는데 네가 회장 하렴."

교회에 겨우 두 번 갔는데 정말 당혹스러웠습니다. 그래도 일단 하겠다고 말씀드렸고, 그렇게 저는 교회에 다니기 시작했습니다. 하지만 온전한 신앙을 갖지 못한 저는 이런저런 핑계로 주일 성수를 제대로 하지 않았습니다.

어렸을 때 친할머니가 저를 매우 예뻐하셨는데, 어느 날 할머니가 배 위에 저를 올려놓고 말씀하셨습니다.

"아이구 예뻐라. 너는 커서 의사가 되어야 해. 의사가 좋은 거야."

그 후에도 여러 번 그런 말씀을 하셔서 할머니의 영향으로 의사가 되는 꿈을 자연스럽게 갖게 된 것 같습니다. 하나님이 은혜를 주셔서 학창 시절에 수석을 계속 유지했지만 의과 대학 입학이 쉽지는 않았습니다. 그래서 재수를 했는데, 마음을 바꿔 서울대학교 공대에 들어가 교수가 되어야겠다고 생각했습니다. 서울대학교 공대 시험을 보고 나서 1, 2, 3지망을 모두 한곳으로 지원했습니다. 충분히 합격할 것이라고 생각했는데 그만 낙방하고 말았습니다. 크게 실망한 저는 부산에 바람을 쐬러 가서 바다를 보며 미래에 대해 고민을 했습니다.

'앞으로 어떻게 하면 좋을까?'

바다 앞에 서 있다가 신문팔이 소년에게서 신문을 한 부 샀습니다. 무슨 소식이 있나 궁금해하며 신문 1면을 보다가 하단에 순천향의과대학 추가 모집 공고가 눈에 띄었습니다.

'나는 원래 의사가 되고 싶어 했으니까 여기에 한번 가 볼까? 그런데 잘 모르는 곳인데 수석이나 꼴찌로 합격하면 가야겠다.'

그렇게 지원을 하고 나서 3등 장학생으로 합격을 했습니다.

차선을 최선으로 만드신 하나님

순천향의과대학에 입학한 것은 제 인생의 큰 전환점이 되었습니다. 전에는 제 뜻대로 무엇이든지 할 수 있다고 생각했는데 그렇지 않다는 것을 그때 하나님이 알려 주셨습니다.

'인생의 방향은 네가 설정하는 것이 아니란다.'

전에는 일류 대학 외의 학교는 무시할 정도로 교만했던 것 같습니다. 그런데 하나님은 그분의 계획 안에서 겸손을 배우게 하셨고, 의사의 길로 저를 인도해 주셨습니다. 그리고 감사하게도 순천향의과대학에서 레지던트를 하면서 환자의 보호자였던 아내를 만나게 하셨습니다.

저는 재수를 하고 의과 대학을 다니면서 겸손을 배웠지만 여전히 선데이 크리스천으로 살았습니다. 주일이면 첫 예배인 9시 예배를 드렸는데, 그 이유는 나머지 시간을 가족과 함께 보낼 수 있었기 때문입니다. 그러던 중 언제부터인가 삶의 문제 속에서 갈급함을 느끼기 시작했습니다.

'도대체 뭐지? 왜 이런 어려움이 있고, 왜 해결하지 못하는 거지?'

그런 제 마음을 솔직하게 목사님께 여쭈어 보았습니다.

"목사님, 이 갈급한 마음을 어떻게 해결할 수가 없네요. 어떻게 하면 저도 예수님을 잘 믿을 수 있을까요?"

목사님은 그런 제게 성경 공부를 제안하셨습니다. 이후 저와 아내는 매주 수요일 오후 8시에 목사님과 함께 8년 가까이 성경 공부를 했습니다. 가끔은 시간이 길어져 자정까지 성경 공부를 한 적도 있습니다. 그 시간을 통해 말씀 안에서 제 죄를 깨달을 수 있었습니다.

제 전공은 신경외과인데 '어떻게 하면 하나님이 주신 달란트를 환자들과 공유할 수 있을까?' 하고 고민하다가 처음에는 큰 병원에 들어가서 봉직의(병원에서 월급을 받고 일하는 의사)를 시작했습니다. 그러다가 제가 원하는 방향으로 가기 위해서는 일정 규모의 수술을 할 수 있는 병원을 만들어야겠다고 생각했습니다. 미래를 위해 병원 개업을 결심하고 실천한 것입니다.

당시는 IMF 때문에 나라가 어려운 시기였습니다. 더욱이 형님이 사업할 때 대출을 받아 드렸는데 부도가 나면서 빚이 눈덩이처럼 불어났습니다. 그래서 돈을 많이 모으지 못한 상태에서 병원을 시작했습니다. 하나님의 은혜로 동료 의사와 가족 등등의 도움으로 100평짜리 작은 의원을 세울 수 있었습니다.

당시는 수술방과 CT를 놓을 장소가 없었는데 하나님이 예비하신 은혜가 있었습니다. 나라에서 '개방 병원 제도'를 처음 실시했던 것입니다. 개방 병원 제도란 의료 장비와 인원이 부족한 개원 의사들에게 의료 기관의 장비와 인력을 제공해 주는 제도였습니다. 하나님이 그 제도로 제 부족힘을 놀랍게 채워 주신 것입니다. 저희 병원에 없는 MRI와 CT는 다른 곳에서 찍고, 저희 병원에서 진료를 본 후 수술이 필요하면 그쪽에서 수술방을 예약해 제가 그곳에 가서 수술을 진행했습니다. 수술 후에는 그곳에 입원시키고, 그쪽으로 회진을 돌고, 저희 병원에 와서 외래 진료를 했습니다.

봉직의 당시 제 좌우명은 "인생은 마이너스가 없다"였습니다. 그래서 저는 부정적인 말을 하지 않았고 적은 것에 불평하지 않았습니다. 봉직의임에도 주인 의식을 가지고 책임감을 다해 임했습니다. 그래서 담당이 아닌 다른 환자들도 살펴봤는데, 신경외과가 아닌 곳도 회진했습니다.

"불편하지 않으세요? 큰 수술을 받으셨는데, 저희 원장님이 참 수술 잘하시는 분입니다."

그런 모습이 환자들에게 신뢰를 주었던지 병원을 떠날 때쯤 제 환자가 정말 많아졌습니다. 처음에는 외래 환자가 20명이었다가 나올 때는 100명 정도 되었습니다. 그곳을 내려놓고 나와 작은 의원을 개원하고 나서 3주도 안 되어 100명 정도의 환자가 찾아왔습니다. 개방 병원 제도에 힘입어 수술도 진행하다 보니 작은 병원이 수술도 한다는 것에 신뢰를 더 많이 해 주셨던 것 같습니다. 그래서 정말 감사하게도 개원 2년 후 모든 빚을 청산할 수 있었습니다. 저는 갑자기 부자가 된 느낌이 들었습니다.

그 시기에 병원 맞은편에 있는 400평 건물을 놓고 기도했습니다.

"하나님, 저 건물을 저한테 주세요. 그런데 저 돈 없어요."

때마침 그 건물이 경매에 넘어갔다는 소식을 들었고 하나님이 역사하신다는 생각이 들었습니다. 큰형님을 행정 원장님으로 모시고 형님을 통해 은행 업무를 진행하여 마침내 그 건물을 소유하게 되었는데 그 병원이 구 백병원입니다.

400평의 구 백병원으로 옮겨 가서 10년을 보냈습니다. 그런데 주변에 있는 30평의 땅을 사기가 무척이나 힘이 들었습니다. 야베스의 기도처럼 하나님께 지경을 넓혀 달라는 기도를 10년간 드렸지만 하나님은 침묵하셨습니다. 답답한 상황을 보내던 어느 날, 지인들이 부산에 있는 한 선교 센터에 가자고 권했습니다. 어려움을 헤쳐 나갈 자신이 없는 시기였기에 일주일간 진료 휴가를 내고 무작정 부산에 내려갔습니다. 저는 그 선교 센터에서 3박 4일 동안 하나님께 매달리기 시작했습니다.

"하나님, 도와주세요. 이 문제를 어떻게 해결해야 할지 모르겠습니다."

기도하는 가운데 제 마음에 이런 생각이 들었습니다.

'안 될 게 뭐가 있어. 내가 하는 게 아닌 걸.'

기도 끝에 확신과 믿음이 생겼고 다시 병원으로 돌아왔습니다. 제 생명도 살려 주신 하나님을 향한 믿음이 있었습니다. 기도하고 돌아온 후부터 하나님이 놀랍게도 제게 필요한 사람들을 붙여 주기 시작하셨습니다. 상상할 수 없는 방법으로 하나님이 문제를 풀어 가셨습니다. 하나님이 30평의 땅이 아닌 3천 평의 땅을 예비하시고 인도해 주셔서 지금의 인천백병원까지 올 수 있었습니다.

인생의 주인이 바뀌는 기적

저는 성경 말씀을 깊이 알면 알수록 지난날 제 삶이 부끄러워졌습니다. 그리고 제 인생의 주인이 더 이상 제가 아니라 하나님이심을 깨달았습니다. 말씀을 통해 하나님이 삶의 우선순위로 바뀐 것입니다. 그러면서 자연스럽게 술을 끊게 되었습니다. 그리고 사람들이 주일에 골프 치러 가자고 하면 이렇게 대답했습니다.

"나는 주일에 아무 데도 안 가. 교회만 가."

주일에는 온전히 하나님 안에 있는 것이 기뻤기 때문입니다.

저는 레지던트 때부터 힘이 들면 '어떤 상황도 나는 견뎌 낼 수 있다'는 자신감을 가지고 10여 년을 살아왔습니다. 개방 병원을 운영할 때는 새벽에 일어나서 정신없이 하루를 보냈습니다. 그러던 어느 날 갑자기 귀가 안 들리기 시작했습니다. 그래서 친구네 이비인후과에서 검사를 받았는데, 귀에는 이상이 없다고 했습니다. 이상하다는 생각이 들어 나중에 저희 병원에서 MRI를 찍었고, 주먹만 한 크기의 뇌종양을 발견하게 되었습니다.

"하나님, 제가 왜 이 종양을 이제야 발견했을까요?"

기도하면서 뇌종양이 하나님이 주신 믿음의 시험임을 깨달았습니다. 열다섯 시간의 대수술을 해야 할 정도로 죽음이 임박했기 때문에 정말 당황스러웠습니다. 그때 지난날들이 주마등처럼 제 머릿속을 지나갔습니다. 지난 세월을 돌아보며 제 주인 되신 하나님이 제게 주신 은혜를 기억할 수 있었습니다. 그래서 하나님이 분명히 저를 살려 주실 거라는 믿음이 생겼고, 바로 대학 후배에게 전화를 걸었습니다.

"네가 뇌종양 분야 전문이니까 나 좀 수술해 주라."

선배와 후배 교수들이 함께 수술에 임해 주었는데 하나님의 놀라운 은혜로 종양의 80%를 성공적으로 제거할 수 있었습니다. 현재 뇌 속에는 20%의 종양이 그대로 남아 있습니다. 다행히도 그때 이후로 커지지 않고 있습니다. 수술하기 전부터 청력이 약해졌는데, 암 수술 후 한쪽 청력을 잃게 되었습니다. 하지만 하나님의 은혜로 살아갈 수 있음에 감사합니다.

하나님이 주신 사명

현재 섬기는 교회는 인천 송도에 있는 30평짜리 작은 규모의 예수사랑교회입니다. 8년간 성경 공부를 꾸준히 인도해 주신 목사님이 계신 교회입니다. 저는 성경 말씀을 통해 하나님을 알아가면서 병원을 예수의 복음을 기초로 하나님 나라를 확장하는 곳으로 세워야겠다고 생각했습니다. 그러기 위해서는 먼저 병원 안에 예배가 있어야 한다고 생각했고, 목사님께 부탁을 드렸습니다.

"목사님, 저희 병원에 원목으로 오셨으면 좋겠습니다."

목사님이 흔쾌히 허락해 주셔서 현재 원목으로 사역하고 계십니다. 저희 병원에는 크리스천이 많은데 아침 진료 시간 전에 예배를 드리고 하루를 시작합니다. 어느 날 목사님이 기도하고 나서 말씀하셨습니다.

"'3300 비전'을 가집시다."

"목사님, 교회 성도가 30명밖에 안 되는데 무슨 말씀이십니까?"

"우리 교회는 비록 작지만 300명의 선교사를 돕는 교회가 되었으면 합니다. 그리고 3,000명의 평신도 사역자를 세울 수 있도록 함께 노력했으면 좋겠습니다. 그것을 우리 교회의 비전으로 정했습니다."

처음 그 말씀을 들었을 때는 가능할까 싶었고 막연했습니다. 그런데 어느 날부터인가 기도하면서 제 마음속에 그 비전을 사모하는 마음이 생겼고, 제 사명으로 받아들여졌습니다. 그래서 '3300 비전'을 병원의 이정표로 삼았습니다. 그리고 '지으신 손과 고치는 손이 함께하며 에덴을 회복시키는 것'을 사명으로 세웠습니다.

'3300 비전' 훈련에 대해 이야기할 때 목사님이 말씀하셨습니다.

"우리 전도 한번 해봅시다."

"목사님, 어떻게 시작하는 것이 좋을까요?"

"노방 전도부터 시작해 보시지요."

순간 병원장이라서 노방 전도가 망설여진 것이 사실입니다. 하지만 훈련의 한 과정이기에 저는 순종하는 마음으로 백지 한 장을 들고 길거리로 나갔습니다. 그리고 버스 정류장에 서 있는 사람들에게 가까이 다가가 말을 걸었습니다.

"안녕하십니까? 잠깐 시간 있으세요?"

그 말을 듣는 사람들은 전부 이상한 눈으로 저를 바라보았습니다. 그들의 반응을 보며 정말 힘들었습니다.

'이걸 버스 정류장이 아니라 내가 사역하는 병원에서 해봐야겠다.'

그렇게 생각하고는 발걸음을 돌려 병원을 향했습니다. 그리고 주일 오후에 병원에 입원한 환자들이 있는 병실에 들어갔습니다.

"안녕하세요? 병원장입니다."

환자들이 정말 반갑게 저를 맞아 주었습니다.

"아니, 원장님, 이 시간에 왜 나오셨습니까?"

"환자님께 제가 오늘 드릴 말씀이 있는데 시간 좀 내 주시겠습니까?"

그렇게 환자들에게 백지 한 장 들고 전도했는데 전도를 할 때 환자들이 제 말을 잘 들어 주며 받아 주는 것이 감사했습니다.

'하나님이 나를 의사로 세우신 이유는 육체적으로 힘든 사람들을 따뜻하게 대하고 치료와 동시에 하나님을 전하라는 뜻이구나.'

저는 그렇게 병원 전도를 통해 하나님의 사명을 새롭게 깨달았습니다. 그때부터 병원 안에 구체적인 시스템을 마련해야겠다는 생각을 했습니다. 그중 하나는 병원에 오기 힘드신 노인들이 많은데 그분들을 직접 모시고 섬기려고 노력하고 있습니다. 저는 저희 병원이 아프고 힘드신 분들을 위한 병원이 되었으면 좋겠습니다. 특히 올해에는 어려운 노인들을 위한 '시니어 빌리지'를 계획하고 있습니다. 인천백병원이 있는 동구에는 그분들이 계실 마땅한 요양원이 없습니다. 그래서 동일한 비용으로 그분들이 편히 계실 수 있는 곳을 기도로 준비하고 있고, 자금을 투자해 부설 요양원을 짓고 있습니다.

인천백병원이 취약 지구 안에서 믿음의 밀알이 되어 귀한 하나님의 사역들을 이룰 수 있기를 소망합니다. 제 몸에 남은 20%의 종양은 겸손하라고 하나님이 제게 주신 가시라고 생각합니다. 앞으로 하나님을 더 의지하며 건강하게 모든 사역을 감당하기를 기도합니다.

4

기쁨은
아픔을
잊게 합니다

고난과 도전 속에서도 매일매일 기쁘게 살고 있는
크리스천들의 복되고 아름다운 신앙 고백

이경민
윤학원
김남국
정선희
문종성

이경민 / 메이크업 아티스트

최지우, 신애라, 김민희, 오연수, 이혜영 등
내로라하는 톱스타들의 메이크업 아티스트로 유명한 이경민.
광고와 방송계의 주목을 받으며 국내 최고의 메이크업 아티스트로서,
그녀의 이름이 하나의 브랜드가 될 만큼 그녀에 대한 인지도도 높아졌다.
외롭고 공허한 세상 속에만 있었던 그녀에게 하나님이 찾아오셨다.
날마다 기도와 말씀으로 더 넓은 비전과 사랑을 품게 된 그녀는
현재 '비디비치 바이 이경민'을 운영하며
해외 선교사 메이크업 봉사를 하고 있다.

Rejoice Everyday

주님의 아름다움에 홀릭하다

사인펜으로 화장을

　　　　　　어릴 때부터 그림을 좋아했던 저는 색칠하면서 노는 것이 참 좋았습니다. 어머니가 화장하는 것을 자세히 보고 난 후 제 얼굴에 똑같이 해보기도 하고, 친구들이 놀러 오면 인형 놀이 대신에 친구 얼굴에 메이크업을 하며 놀았습니다.

　한번은 1970년대에 유행하는 눈썹을 따라 그려 보겠다며 친구 눈썹을 다 밀어 놓아 엄마들한테 혼나기도 했습니다. 또한 잡지 속 모델들의 사진을 보며 그대로 화장을 해보고 싶어서 제 얼굴에 사인펜으로 직접 그린 적도 있었습니다. 당시에는 컬러 사진이 없었는데 흑백 사진에 사인펜으로 화장을 하는 등 저는 어릴 때부터 메이크업 분야에 굉장히 관심이 많았습니다.

미술을 계속 공부하다가 대학교에서 서양화를 전공했는데, 대학교 3학년 겨울방학 때 추천을 받아 메이크업 분야의 일을 하기 시작했습니다.

메이크업은 혼자 그림을 그리며 만족하는 일이 아니라 많은 스태프들과 모델, 그리고 광고주가 원하는 방향으로 일을 진행해야만 합니다. 모델 개개인의 특징을 살리면서 유행을 적용시켜야 하기 때문에 다방면의 공부도 필요합니다. 그러다 보니 메이크업을 하다 보면 인내가 필요한 경우가 많습니다.

한번은 제 고집대로 메이크업을 했다가 감독님을 포함해 모델과 갈등이 생긴 적이 있었습니다. 그때 정말 자존심이 상해서 붓을 내려놓고 그 자리를 떠나고 싶었습니다. 하지만 꾹 참으며 인내했습니다.

요즘은 촬영장 환경이 많이 좋아졌지만 당시만 해도 환경이 안 좋았습니다. 감독님이 밥 먹자고 하시지 않으면 굶고 일을 해야 했습니다. 저는 스물다섯에 일찍 결혼하고 임신한 상태에서도 일을 했는데 매일 서 있어야 해서 굉장히 힘들었습니다.

메이크업을 할 때마다 매번 떨리는데, 메이크업을 받은 후 고객이 기뻐하는 모습을 보거나 결과물이 잘 나오면 매우 기쁩니다. 가끔 얼굴에 콤플렉스를 가지고 있는 사람을 만나게 됩니다. 제가 보기에는 다 괜찮은데 스스로가 만족하지 못하는 것 같습니다.

한 조사를 통해 우리나라 여성들의 90% 정도가 자기 얼굴에 대해 만족하지 못한다고 들은 적이 있습니다. 참 속상한 현실이지만 제 손을 통해 그들이 자신감이 가지며 행복해하는 모습을 볼 때 큰 행복을 느낍니다.

재미로 다닌 교회

제 신앙생활은 중학교 때 언니를 쫓아서 교회를 나기면서부터 시작되었습니다. 저희 집은 부모님이 절에서 결혼을 하셨을 정도로 불교 집안이었습니다. 그런데 언니 혼자 믿음을 먼저 갖게 되었고, 언니의 믿음으로 저희 가족 모두가 교회를 다니게 되었습니다.

한번은 부모님의 사업 실패로 가세가 크게 기울어진 적이 있었습니다. 가족이 힘들던 때에 언니가 어머니를 모시고 교회를 나갔습니다. 매일 점을 보러 다니셨던 어머니가 지금은 권사님이 되셨습니다. 제 경우에는 여자 중학교를 다녔기 때문에 교회 밖에서는 남자아이들을 만나기가 정말 힘들었습니다. 그래서 언니와 함께 교회를 다닐 때 사실 신앙은 없었고 여러 친구들을 만나는 재미로 교회를 다녔던 것 같습니다.

그렇게 믿음 없이 시간을 보내다가 대학교를 졸업하기 전에 일을 시작하면서 세상에 푹 빠졌습니다. 이후 교회를 뒤로하고 일에만 집중했습니다. 몸이 아파도 누군가가 일 때문에 저를 필요로 하면 달려갈 정도였습니다. 어린 나이에 결혼을 했는데, 시부모님이 천주교 신자셨습니다. 당시에는 어린 마음에 어머님이 무서워서 18년 정도 어머님을 모시고 같이 성당에 다녔습니다.

그런데 가끔 힘든 일이 생기면 무의식적으로 예수님을 찾게 되었고, 중학교 때 즐겨 불렀던 찬송가를 저도 모르게 흥얼거렸습니다. 상황에 맞는 찬송가가 제 입에서 흘러나왔습니다. 예를 들어, 길을 걷다가 아름다운 자연을 보면 "주 하나님 지으신 모든 세계 내 마음속에 그리어 볼 때"라는 찬송이 흘러나왔고, 힘들 때면 "저 높은 곳을 향하여 날마다 나아갑니다"라는 찬송이 흘러나왔습니다. 그리고 비디비치 브랜드를 준비할 때는 "십자가 군병들아 주 위해 일어나 기 들고 앞서 나가 굳세게 싸워라"라는 찬송을 흥얼거렸습니다.

비디비치 바이 이경민 브랜드

세상일에 빠져 살던 어느 날, 비디비치 바이 이경민이라는 브랜드를 만들게 되었습니다. 1989년, 해외 촬영을 처음 나갔을 때 저는 전 세계에 있는 브랜드를 보면서, 특히 전 세계에서 인정받는 일본의 브랜드를 보면서 충격을 많이 받았습니다. 그런 경험을 통해 우리나라 브랜드도 세계적으로 진출했으면 좋겠다는 생각을 했습니다. 또한 저는 대기업이 세계적으로 뻗어 가고 있었지만 개인 브랜드의 성장도 중요하다고 생각했습니다. 일본의 경우 패션 디자이너, 메이크업 아티스트 등 여러 명이 그 나라에 영향을 주며 큰 수익을 얻는 것을 보면서 우리나라가 일본보다 10년 늦기는 하지만 가능성이 보였습니다. 그런 생각에 비디비치 바이 이경민을 출시하게 된 것입니다.

저는 세계 최고의 브랜드와 경쟁을 하기 위해서 전 세계 벤더(vendor, 판매인 또는 판매업자)들을 다 찾아다녔습니다. 그 결과 우리나라를 포함한 여섯 나라에서 브랜드를 만들게 되었습니다. 사실 한 벤더를 통해 만드는 것도 쉽지 않은데 무리를 한 것입니다. 제품 하나를 만드는 것이 이렇게 힘든 일인지 전혀 몰랐습니다.

당시에는 메이크업 아티스트 이경민의 브랜드이고, 전 세계에서 최고 좋은 벤더에서 만들었으니까 백화점에서 당연히 제품을 받아 줄 것이라고 생각했습니다. 하지만 들려오는 소리는 절망적이었습니다.

"이경민 씨는 유명하지만 이 브랜드는 검증이 안 된 브랜드입니다. 백화점에는 전 세계에서 검증된 브랜드만 들어오게 되어 있습니다."

그 말을 듣는 순간, 자존심이 정말 상했고 백화점 사람들이 원망스러웠습니다.

'이렇게 훌륭한 브랜드를 도대체 왜 안 받아 주는 거야? 우리나라에 이런 아티스트의 브랜드가 당연히 들어가야 하는 거 아니야?'

저는 분이 나서 여러 사람을 찾아다니면서 어찌하면 좋을지 조언을 구했습니다. 이미 각 제품을 7천 개씩 만들어 놓은 상태였는데, 다양한 메이크업 제품을 어디서 팔아야 하나 고민이 되기 시작했습니다. 그때는 불안한 마음을 사람들을 만나고 잘 마시지도 못하는 술을 마시며 해결해 보려고 했습니다.

너와 함께함이니라

그러던 어느 해 12월 31일을 맞이해 어느 파티를 갈까 고민하던 중 파티가 아니라 교회를 가야겠다는 마음이 들었습니다. 그래서 항상 파티에 동행하던 동생들에게 말했습니다.

"얘들아, 나 파티 못 갈 것 같아. 오늘은 정말 교회를 가고 싶은데 혹시 나랑 교회 갈 사람 있어?"

그중에 세 명 정도가 함께 가고 싶다고 대답했고, 무작정 동생들과 함께 교회로 갔습니다. 교회를 향해서 걸어가다가 양 떼를 모으시는 예수님의 성화가 멀리서 보이는 순간, 발끝부터 전율이 오면서 눈물이 나기 시작했습니다. 예수님이 '너 왜 이제 왔니? 참 잘 왔구나!' 하며 저를 맞아 주시는 것 같았습니다.

교회에 들어간 순간, 따뜻함이 느껴졌고 예배를 드리기 시작하는데 눈물밖에 안 났습니다. 뜨거운 눈물과 함께 회개의 기도가 나왔습니다다. 사실 전에 교회에 다니는 사람들을 핍박한 적이 있었는데 그동안 제가 얼마나 교만했는지 돌아보게 되었습니다. 또한 하나님이 늘 저를 용서하시고 이끌어 주셨다는 생각에 하나님의 사랑을 깊이 느낄 수 있었습니다. 그제야 숨통이 트이면서 살 것 같았습니다. 그날 예배를 드리고 와서 저는 다짐했습니다.

'이제는 정말 교회를 다녀야겠다.'

저는 사실 의심이 많은 사람이어서 간증을 들으면 '말도 안 돼. 짰을 거야. 거짓말이야' 하며 믿지 않았습니다. 그런데 그런 제게 잊지 못할 사건이 일어났습니다. 송구영신예배를 드리고 와서 제품 문제가 해결이 안 돼서 새벽 2시까지 잠을 못 잤습니다. 간신히 늦게 잠이 들었는데 어디선가 맑은 음성이 들려왔습니다.

"이사야 41장 10절 말씀."

너무 놀라서 불을 켜고 시간을 봤더니 새벽 3시였습니다. 얼른 일어나 성경책에 쌓인 먼지를 닦고 펼쳐서 말씀을 찾았습니다.

"두려워하지 말라 내가 너와 함께 함이라 놀라지 말라 나는 네 하나님이 됨이라 내가 너를 굳세게 하리라 참으로 너를 도와 주리라 참으로 나의 의로운 오른손으로 너를 붙들리라"(사 41:10).

저는 이 말씀을 보고 "할렐루야!" 하고 외쳤습니다. 중학교 2학년 때 교회에서 이 말씀이 좋아서 외운 적이 있었는데 그 후 까마득하게 잊고 있었던 말씀이었습니다.

'맞아! 하나님이 정말 계시는구나! 내가 정말 힘들어하니까 내 손을 잡아 주시는구나!'

그 순간, 바로 침대에 엎드려서 기도했습니다.

"하나님, 정말 감사합니다. 이제 교회 열심히 다닐게요. 이제는 절대로 하나님을 배신하지 않을게요."

그러고 나서 주변에 교회를 다니는 사람들을 찾아갔습니다. 이렇게 신기한 일이 일어나서 어떻게 해야 할지 몰랐기 때문입니다. 신실한 크리스천인 신애라 씨를 만나 조언을 들었습니다.

"이런 일은 흔하게 생기는 일이 아닌데 빨리 교회 다니렴."

그런데 제 남편은 교회 다니는 것을 매우 싫어했습니다. 그래서 저는 남편 모르게 일 핑계를 대고 교회를 갔습니다. 교회에서 예배를 드리는데 마음이 정말 편안했고 찬양만 들어도 눈물이 줄줄 흘렀습니다. 그다음 주에 용기를 내서 남편에게 말했습니다.

"여보, 나 이제 교회 다닐 거야. 지금까지 당신 말에 불순종한 적 없잖아. 어머님 때문에 성당도 잘 다녔고. 나 교회 가니까 정말 행복해."

남편에게 간증까지 했지만 남편의 고집을 절대 꺾을 수는 없었습니다. 그러던 2008년 겨울 어느 날, 남편 지인이 남편에게 말했습니다.

"당신 뭐 믿고 그렇게 하나님을 안 믿어요? 하나님께 매달려도 될까 말까인데."

그 말을 들은 남편은 충격을 받았고, 제게 슬슬 말을 돌려서 하다가 드디어 말을 꺼냈습니다.

"아, 저기 뭐야……, 다음 주에 교회 좀 한번 가 보려고."

그 말을 들은 저는 정말 깜짝 놀라 대답했습니다.

"그래, 여보! 당신 몇 시에 가고 싶어?"

"제일 사람이 적은 시간이 몇 시야? 그리고 조용한 교회를 가야 된다."

"1부 7시 반 예배 있어!"

그렇게 집 앞에 있는 교회를 남편과 함께 가기 시작했습니다. 처음에는 기도 시간에 남편이 기도하는지 봤더니 눈을 뜨고 두리번거리는 것이었습니다. 그런데 나중에는 눈 감고 기도하고 말씀도 찾아보는 모습을 보며 하나님께 정말 감사함을 느낍니다. 제가 믿음으로 간구하면 하나님이 언제나 들어주신다는 것을 깨달았습니다.

주님의 메이크업 아티스트

하나님의 은혜로 이사야서 말씀을 듣고 나서 저는 20일 다니엘의 기도를 시작했습니다. 그런데 솔직히 다니엘이 누구인지도 잘 모르면서 무작정 하루도 빠짐없이 새벽 기도를 했습니다. 그 후 놀라운 일이 일어났습니다. 20일 기도가 끝나자마자 저를 거절했던 백화점 두 군데에서 연락이 온 것입니다.

"기회를 드릴게요. 한번 프로모션 해보세요."

저는 예상치 못했던 소식에 깜짝 놀랐습니다. 서둘러 직원들과 함께 열심히 준비해 백화점 1층에 프로모션을 했습니다. 당시에 이미 청담동에 작은 로드 샵을 열었던 터라 아는 사람들이 이미 그곳에 와서 제품을 다 팔아 주었기에 또 부탁하기가 어려운 상황이었습니다.

"하나님, 사람들 좀 보내 주세요. 사람 안 오면 안 돼요."

그런데 명품관에서 항의가 들어올 정도로 엄청나게 많은 사람이 밀려왔습니다. 하나님의 은혜로 성공적으로 프로모션을 마무리했고 입점 허락을 받아 냈습니다. 하나님의 놀라운 은혜를 경험하면서 진실한 마음으로 구할 때 하나님이 기도를 들어주신다는 것을 다시 한 번 느낄 수 있었습니다. 그리고 자연스럽게 제가 만나는 사람들에게 하나님이 하신 일을 전할 수밖에 없었습니다.

신애라, 유호정, 오연수, 최지우, 이혜영 씨 등 많은 연예인이 한 명씩 교회를 다니기 시작했습니다. 누군가가 성경 공부를 하자고 제안을 했고, 그래서 매주 성경 공부를 하기 시작했습니다. 매주 금요일마다 친구들과 함께 성경 공부를 하고 있는데, 늘 금요일만 생각하면 설렙니다. 금요일 저녁 성경 공부에 참석하는 사람들은 저 빼고는 전부 연예인입니다.

이 일을 통해 저는 하나님의 은혜를 받으면 단지 경험으로만 끝나는 것이 아니라 말씀을 통해 믿음이 성장해 나간다는 것을 알게 되었습니다. 그리고 하나님이 붙여 주신 믿음의 친구들 한 명 한 명이 하나님이 보시기에 얼마나 아름다운 일들을 해나가는지 볼 수 있었습니다. 믿음의 동역자들이 함께 말씀을 보고 찬양하고 서로 중보 기도하는 가운데 하나님이 비전과 은혜를 주신 것 같습니다.

현재 저희 회사에서도 기도와 예배를 드리고 있습니다. 2008년 어느 날, 저는 하나님께 기도를 드렸습니다.

"하나님, 포레와 비디비치 사무실이 부서별로 나누어져 있는데 일단 포레에서 먼저 예배할 수 있는 작은 공간을 주세요."

하나님의 응답으로 2009년 1월 첫째 주 월요일부터 크리스천 직원과 함께 예배를 시작했습니다.

요즘에는 어려운 북한 사람들을 돕고 싶은 마음이 있는데, 하나님의 인도로 도울 기회가 생기기를 기대하며 기도하고 있습니다. 또 지금 진행하고 있는 비디비치 브랜드가 주가 주신 비전대로 성장하는 기업이 되기를 간절히 바랍니다. 언젠가 하나님의 사역을 위해 힘든 나라에서 선교하시는 선교사님들을 보면서 선교사님의 사모님이 한국에 오시면 메이크업을 해드리고 싶다는 생각을 한 적이 있었습니다. 그래서 현재 해외 선교사 메이크업 봉사를 하고 있습니다. 앞으로도 기도와 말씀으로 무장해서 하나님이 주신 달란트를 통해 주께 쓰임 받기를 소원합니다.

윤학원 / 지휘자

2011년 「남자의 자격」 합창단으로 대중에게 얼굴을 알린 지휘자 윤학원.
합창단 지휘에 평생을 바친 대한민국 합창계의 대부.
어렸을 때부터 음악을 좋아했던 그는 대학교에서 작곡 공부를 한다.
극동방송합창단, 선명회어린이합창단, 대우합창단, 서울레이디스싱어즈,
인천시립합창단 등의 지휘자를 하며 지휘자 인생을 살아온 그는
하나님의 은혜로 지휘했음을 고백하며 영광을 돌린다.
그는 계속 지휘를 통해 하나님께 찬양 드리기를 바라며
오늘도 인생의 지휘자이신 하나님 앞에 나아간다.

하나님은 내 인생의 지휘자

공고생에서 지휘자로

아버지는 하나님과 항상 가까이 지내셨습니다. 저는 밤중에 자다가 아버지의 기도 소리에 깬 적도 있었는데, 아버지는 늘 신앙 안에서 지내는 모습을 가족에게 보이셨습니다. 황해도에서 살고 있던 어느 날, 아버지가 새벽 예배를 다녀오시더니 지금 바로 이사하자고 말씀하셔서 인천으로 이사를 간 적이 있습니다. 그리고 1년 후 6·25 전쟁이 일어났습니다. 아마도 아버지가 하나님과 친밀해서 하나님이 인도해 주신 것 같습니다.

이처럼 신앙이 좋은 아버지 아래서 저는 어린 시절부터 자연스럽게 하나님을 믿으며 성장했습니다. 자라서 연세대학교 음악 대학에 들어갔는데, 그때는 음악 대학이 아니라 종교 음악과였습니다. 종교 음악과가 신학대학 안에 있었기 때문에 신학생들과 함께 신학 개론 등 신학을 배웠습니다. 배우는 과정에서 성경 내용에는 문제가 없지만 번역이 잘못된 부분들이 있다는 사실을 알게 되면서 혼란스러웠고 신앙이 흔들렸습니다.

"모든 성경은 하나님의 감동으로 된 것으로 교훈과 책망과 바르게 함과 의로 교육하기에 유익하니 이는 하나님의 사람으로 온전하게 하며 모든 선한 일을 행할 능력을 갖추게 하려 함이라"(딤후 3:16-17).

많이 고민하고 힘들어하던 중에 이 말씀을 접하게 되었고, 저는 진리를 다시 보며 하나님을 새롭게 만나게 되었습니다. 물론 그전에도 하나님을 믿었지만 더 확실하게 믿는 계기가 되었습니다.

음악에 대한 재능은 어린 시절에 발견했던 것 같습니다. 초등학교 1학년 때 시골 학교에 다녔는데 학교 안에 손풍금 악기가 하나 있었습니다. 한번은 선생님이 그 악기를 저희 반에 들고 와서 연주를 하며 아이들에게 노래를 시키셨습니다. 순서가 돌고 돌아서 제 차례가 되었고, 저는 선생님의 반주에 맞춰 노래를 불렀습니다.

"너 참 노래를 잘하는구나!"

선생님은 칭찬을 아끼지 않으셨습니다. 그리고 다음 반에서 연주할 때부터는 저를 앞에 세워서 시범으로 노래하게 해 주셨습니다.

'아, 내가 노래를 잘하는구나!'

그때 선생님의 인정을 계기로 음악에 뜻을 두며 자랐습니다. '나는 음악가다'라고 생각했고 콩쿠르에도 여러 번 나갔습니다.

하지만 집에서는 음악을 하면 돈이 많이 들기 때문에 반대를 많이 했습니다. 아버지가 음악가가 아니라 화학자가 되어야 한다고 공업고등학교에 다니게 하셨습니다. 그렇게 등 떠밀리듯 공업고등학교에 입학했지만 화학 공부를 열심히 하지는 않았습니다. 대신 그때 학교에 음악 선생님이 안 계셨음에도 밴드 활동에 전념했습니다. 그러던 중 도저히 안 되겠다는 생각에 아버지에게 말씀드렸습니다.

"아버지, 저 음악을 정말 하고 싶어요."

저는 아버지의 허락을 받은 후부터 밴드 활동뿐만 아니라 음악 공부도 열심히 했습니다. 성장하면서 바뀐 목소리 때문에 진로를 작곡으로 바꿨고, 작곡가 최영선 선생님께 화성학을 배웠습니다. 그렇게 열심히 음악을 공부해서 하나님의 은혜로 연세대학교에 입학하게 되었습니다.

그러던 어느 날 합격 소식을 들은 고등학교 교장 선생님이 저를 부르셨습니다.

"공고의 돌연변이구나."

사실 고등학교 때 작곡으로 진로를 바꿨지만, 고등학교 재학 시절 고등부 성가대에서 첫 지휘를 하고 나서 본격적으로 합창 지휘를 해야겠다고 결심했습니다. 당시 기독학생회합창단이 있었는데 거기서 지휘자로 활동하면서 하나님이 주신 달란트를 깨달았습니다. 그래서 대학교 3학년 말부터 본격적으로 지휘 공부를 하기 시작했습니다.

대학교 재학 시절에 성악 전공을 한 아내를 만났습니다. 기독학생회합창단 지휘를 할 때 단원 명단이 필요했는데 정릉에 살았던 아내가 먼 집까지 다녀오는 모습을 보며 작은 것 하나에도 성실한 모습에 반했습니다. 그렇게 사랑이 싹트게 되었고 결혼해서 지금 행복하게 살고 있습니다.

저는 대학을 졸업한 후 동인천고등학교에서 음악 선생님을 하면서 극동방송합창단을 지휘했습니다. 그때 나진주 선교사님이 함께하자는 제안을 해오셨습니다. 그런데 당시 극동방송에서는 기존 월급의 절반만 받을 수 있었기에 고민을 많이 했습니다.

"여보, 내가 피아노 레슨 해서 돈 벌 테니까 극동방송에서 일해요."

저는 그렇게 아내의 이해와 도움으로 극동방송에서 활동을 시작했습니다. 그때는 LP판이 정말 귀했는데, 극동방송에는 클래식 LP판이 많이 있었습니다. 극동방송에 들어가면 LP판을 마음껏 들을 수 있다는 사실이 정말 기뻤습니다. 극동방송에서는 하루에 30분씩 해설을 했는데 아나운서, 피디, 엔지니어 등 1인 3역 이상을 소화해야 했습니다. 온종일 음악을 듣고 분석해서 하루 30분짜리 방송을 만들었습니다. 돌이켜 보면 돈도 벌고 음악 공부도 할 수 있었던 감사한 12년의 세월이었습니다.

고난과 열매

　　　　　　1983년, 저는 대우합창단을 창단해서 인재들과 함께 세계적인 합창단으로 이끌었습니다. 1987년에는 세계합창대회심포지엄 제1회에 아시아 대표로 나가서 최고의 합창단으로 호평을 받았습니다.

　한국에 돌아와서 1988년에 또 다른 합창 대회의 출전을 앞두고 있었습니다. 최고의 점수를 받기 위해 맹연습을 했습니다. 그런데 일부 단원들이 1987년에 이미 좋은 평을 받았는데 왜 이렇게 열심히 하냐는 반응이었습니다. 단원들 몇몇과 생각의 차이가 있었던 것입니다. 그때 정말 힘들었는데, 당시 제 장로 취임식에까지 와서 사퇴하라는 대모 시위를 할 정도였습니다. 큰 마찰로 인해 어쩔 수 없이 지휘자 자리를 내려놓게 되었습니다.

　그런데 대우 측에서 "지휘자는 열심히 하려고 한 것뿐인데 잘못이 없지 않느냐. 합창단을 해체하겠다. 따라 주면 봉급을 올려 주고 그렇지 않으면 해체하겠다"고 통보했고, 결국 합창단은 해체되었습니다. 그 사건 때문에 저는 마음고생을 많이 했습니다. 사람의 위로는 귀에 들어오지 않았고 오로지 하나님께만 매달린 시간이었습니다. 하나님의 위로와 은혜로 그 시간을 잘 넘긴 것 같습니다. 그 후 해체된 합창단 단원들과 오해를 잘 풀어서 지금은 잘 지내고 있습니다.

　그러고 나서 서울레이디스싱어즈합창단을 지휘했습니다. 서울레이디스싱어즈는 프로 단원들로 구성된 대우합창단과 다르게 아마추어 단원들로 이루어진 합창단입니다. 그들을 훈련해 제3회 세계합창대회심포지엄에 출전했고, 많은 호평을 받았습니다. 하나님의 능력은 정말 놀랍습니다. 단원들이 모두 여성 크리스천이었고, 저희는 믿지 않는 사람들에게 전도하기 위해 많은 찬양을 불렀습니다. 합창으로 부를 수 있는 아름다운 찬양곡이 많은데 선교의 도구로 사용되고 있습니다. 34년 동안 지휘한 선명회어린이합창단은 가난한 사람들을 위해 많은 활동을 했습니다.

그리고 저는 현재 CTS어린이합창단을 만들고 있습니다. 우리나라에 학교 폭력 문제가 심각한데 이는 잘못된 교육에서 비롯된 것이라고 생각합니다. 다른 과목들보다는 국영수만 잘하면 되는 현재 교육이 문제인 것입니다. 예술적 영역의 과목들은 인간의 삶과 긴밀히 연결되어 있습니다. 그렇기 때문에 어린 시절부터 합창을 배우며 하나가 되는 의미를 깨닫기를 소망합니다. 그런 바람으로 현재 지역적으로 24개의 합창단을 만들었는데, 앞으로도 전국적으로 어린이합창단이 많이 일어나기를 바랍니다.

제 아들 윤의중 집사는 한세대학교 교수이자 창원시립합창단 지휘자입니다. 그리고 서울레이디스싱어즈합창단을 맡아서 지휘하고 있습니다. 원래 바이올린 전공이었는데 스물일곱 살에 유학을 가면서 합창 지휘 쪽으로 진로를 바꿨습니다. 어린 시절부터 합창하는 분위기에서 성장했고, 선명회어린이합창단이 전국 순회를 할 때 바이올

린을 맡으면서 영향을 받았던 것 같습니다. 자연스럽게 합창에 많은 매력을 느꼈고, 서울예술고등학교 3년 내내 지휘를 하고 상을 받으면서 합창에 마음이 많이 갔다고 합니다. 기악의 아름다운 멜로디를 통해 느끼는 것도 있지만, 합창의 가사를 통해 더욱 깊은 감동을 받았다고 합니다.

아들은 8년간 미국에서 공부하면서 많은 것을 배웠는데, 가끔 아들이 지휘하는 모습을 보면서 제가 몰래 공부할 정도로 지휘 실력이 훌륭합니다. 아들과 함께 같은 길을 가는 것이 참 감사합니다. 한번은 아들이 속한 창원시립합창단과 인천시립합창단이 대결을 한 적도 있습니다. 그렇게 하나님 안에서 선한 경쟁 관계를 형성하며 시너지 효과를 얻는 것 같습니다. 현재 각자 다른 교회 성가대를 지휘하고 있는데, 부자가 같은 곡을 어떻게 해석해 지휘하는지 몇몇 분들이 관심을 가져 주심에 감사합니다.

하나님, 내 인생 최고의 지휘자

저는 2011년 「남자의 자격」 프로그램에 김태원 씨의 멘토로 출연했습니다. 그즈음 자서전 출간 제의를 받아 2012년에 『윤학원의 청춘 합창』이라는 책을 쓰게 되었습니다. 책 내용 중에서 합창에 대해 중요하게 생각하는 몇 가지를 가져왔습니다.

"첫 소리가 같으려면 호흡을 같이해야 한다."

합창 전에는 마음을 합하는 것이 무엇보다 중요합니다. 시작할 때 지휘자의 예비 박자에 따라 호흡을 같이하는 것을 잊으면 안 됩니다.

"합창은 민주주의다."

자기 혼자만 잘하면 안 되고 다른 사람과 소리를 맞출 때 합창이 아름답게 만들어집니다. 곡 중 독창하는 사람이 있으면 그를 부각하기 위해 다른 사람들은 소리를 줄여야 합니다. 모두가 잘되기 위해서 자신을 희생하거나 협조하는 것이 필요합니다. 자기가 맡은 부분은 최선을 다하고, 필요할 때 다른 사람을 도와주는 것이 민주주의의 질서라고 볼 수 있습니다.

"하나님은 솔로보다 합창을 좋아하신다."

하나님이 사람을 지으신 이유는 찬양을 받으시기 위함인데, 저는 하나님이 솔로보다는 합창을 원하신다고 생각합니다. 그 이유는 하나님이 사람을 모두 다르게 만드시면서 소리도 다르게 하셨는데, 각자 다른 소리를 모아 하나의 소리로 찬양받기 원하신다고 생각하기 때문입니다. 처음에 잘하지 못하더라도 열심히 하면 좋은 합창을 낼 수 있습니다.

찬양 합창은 모두의 마음을 하나님께 드리는 것이기 때문에 일반 연주와는 다릅니다. 일반 연주는 음악적인 것을 많이 따지지만 찬양 합창은 가사를 통해 감동을 주어야 좋은 찬양이라고 불리기 때문입니다. 곡조가 있는 기도인 합창은 제게 생명과 같이 중요합니다.

선명회어린이합창단 지휘 34년, 영락교회 성가대 지휘 38년, 인천시립합창단 지휘 20년, 서울레이디스싱어스 지휘 22년 등 그동안 저는 한국의 여러 합창단을 지휘했습니다. 하나님의 은혜로 지휘했음을 고백하고 하나님께 모든 영광을 돌립니다. 그리고 이렇게 고백하고 싶습니다.

"내 인생 최고의 지휘자는 하나님이시다."

지휘자이신 하나님 덕분에 지금의 제가 있음을 고백합니다. 앞으로 CTS어린이합창단이 많이 성장하기를 바랍니다. 그리고 나이가 들어도 계속 지휘할 수 있는 힘을 하나님이 주셨으면 좋겠습니다. 세상 마무리할 때까지 하나님께 찬양 올리며 사는 제가 되기를 간절히 기도합니다.

김 남 국 / 주내힘교회 담임 목사

가난, 틱장애, 하위 2% 성적,
절망에 놓였던 불교 집안에서 자란 김남국 목사.
고등학교 때 부모님이 집을 떠나고 치열하게 힘든 시기를 보내며
하나님께 10년을 드린 그는 놀라운 일을 행하신 하나님을 만나게 된다.
하나님의 은혜로 둘로스 선교회를 세우고
주내힘교회 담임 목사로, 마커스 지도 목사로 섬기는
젊은이를 향한 복음의 열정이 대단한 목사.
그는 오늘도 맡겨진 일에 충성하며 순종하며 살기를 꿈꾼다.

Rejoice Everyday

주님 때문에 망할 수 없는 인생

하위 2%의 학창 시절

두 살 터울의 형은 똑똑해서 늘 부모님의 칭찬을 많이 받았습니다. 저도 부모님의 칭찬을 받고 싶어서 초등학교 4학년 때 열심히 공부해 형을 이겨 보려고 했습니다. 그때 처음으로 반에서 1등을 했습니다. 점수를 받아 들고 신 나게 집에 갔는데, 마침 어머니가 동네 아주머니와 함께 계셨습니다.
"엄마, 나 1등 했어요!"
그 말을 들은 동네 아주머니가 환호하며 칭찬해 주셨습니다.

"우와! 정말 똑똑하네요!"

하지만 어머니의 대답은 제가 생각했던 것과는 달랐습니다.

"큰아들은 더 똑똑해요."

자식이 똑똑하다는 말에 어머니는 신이 나셔서 진짜 똑똑한 자식인 형님에 대한 자랑을 하기 시작하셨습니다. 그런데 말씀하시는 그 모습을 보는 저는 실의에 빠졌습니다. 물론 어머니는 힘들게 사시면서 형을 많이 의지하셔서 장남에 대한 사랑을 악의없이 말씀하신 것이었습니다. 하지만 저는 그때 어머니의 삶을 이해하기에는 너무 어렸고 어머니의 표정만 보며 좌절했습니다.

'아, 엄마의 눈에는 내가 없구나. 공부해도 나는 안 되는구나.'

제가 아무리 최선을 다해도 관심을 받지 못한다는 사실에 절망했습니다. 어린 시절에 저는 그렇게 부모님과 선생님의 무관심으로 혼란스러운 나날을 보냈습니다. 그리고 그 일을 계기로 초등학교 4학년 때 공부를 접게 되었고 공부를 안 하자 자연스럽게 하위 2%가 되었습니다.

그런 제가 고등학교에 진학할 수 있었던 것은 중학교 때 교회에 출석하면서입니다. 중학교 3학년 어느 날, 친한 친구가 다른 친구네 집에 가자고 했습니다. 친구를 따라간 곳은 교회 안에 있는 사찰 집사님 댁이었고, 자연스럽게 교회에서 예배를 처음 드리게 되었습니다.

제 형은 똑똑해서 집안의 사랑을 독차지했습니다. 그러다 보니 저는 늘 누나가 있었으면 하고 바랐는데, 교회에 가니 누나들이 정말 제게 잘해 주었습니다. 사랑을 받는 분위기가 정말 새로웠습니다.

저희 어머니는 비구니가 되려고 했을 정도로 독실한 불교 신자셨습니다. 저희는 불교 집안이어서 사촌 중에 스님도 있습니다. 샤머니즘 불교는 한 집에 두 종교를 허락하지 않지만, 독실한 불교는 그렇지 않습니다. 그래서 어머니께 교회에 출석한다고 하자 흔쾌히 허락해 주셨습니다.

"기독교인들은 꼭 광신도더라. 종교에 미쳐서 나한테 전도하지는 마라."

그렇게 저는 어머니의 허락을 받고 교회를 다니기 시작했습니다. 그리고 교회 누나들이 의식되어 고등학교를 못 가면 창피할 것 같아서 두 달을 열심히 공부해서 인문계 고등학교에 진학했습니다. 하지만 대학에 대한 소망이 없던 터라 고등학교에 가서 또 공부를 안 했습니다.

그러다가 고등학교 2학년 때 믿음의 선배들을 따라 매주 화요일에 찬양 집회를 가게 되었습니다. 어느 날, 예배를 드리는 중에 「생수의 강」이라는 찬양을 부르는데 하나님이 나를 만지시는 것이 느껴졌습니다. 하나님의 살아 계심을 경험했고, 그 순간 하나님 앞에 제 인생을 드렸습니다.

'어? 주님이 똑똑한 자를 선택하시는 것이 아니었네? 주님은 실수하지 않으시니 내가 살아갈 이유가 있겠어.'

그때 처음으로 제게 소망과 살아갈 이유가 생겼습니다.

가난한 청년, 하나님께 드린 10년

고등학교 2학년 때 주님을 영접하고 신앙생활을 하던 중에 갑자기 집안 사정이 어려워졌습니다. 그리고 고등학교 3학년 말 어느 날, 부모님이 집에 안 들어오시더니 연락이 끊겼습니다. 그때 그럴만한 기가 막힌 사정이 생겼습니다. 당시 형은 대학생, 저는 고등학교 3학년이었고, 셋째는 중학교 3학년이었습니다.

갑작스러운 부모님의 부재로 형은 대학 공부와 아르바이트를 병행하며 생계를 책임졌습니다. 저는 너무 힘들어서 사실 집을 나가고 싶었지만 어린 동생이 마음에 걸려서 버텼습니다. 그때 초가집이 무너진 토담집에 살았는데 정말 집에 아무것도 없었습니다. 겨울에는 너무 추워서 두꺼운 스티로폼을 바닥에 깔고 살았습니다. 하루에 수제비 한 끼만 먹으며 몇 달을 힘겹게 버텼습니다. 도저히 대학 입학 시험을 치를 엄두가 나질 않아서 학교도 포기했습니다.

'주님, 제가 주님 믿고 얼마나 열심히 신앙생활을 했는데, 살아 계신 게 아니었나 보군요. 하나님이 차별하시나요?'

저는 하나님을 원망하며 마음을 굳게 닫았습니다. 좌절감에 넉 달 동안 골방에서 지내며 사람을 피하기 시작했습니다. 그러던 어느 날, 우연히 라디오에서 한 교수님이 하시는 말씀을 들었습니다.

"만약 대학 못 간 사람이 일 년에 좋은 책 20권 정도씩을 읽으면 전문 지식이 부족하더라도 정신적 수준은 대학생과 같을 수 있습니다."

아버지의 직업이 신문기자라서 집에 책이 매우 많았습니다. 그래서 일단 책을 읽기 시작했습니다. 그러다가 성경이 궁금해져 성경도 읽었습니다. 그러기를 또 넉 달, 하나님의 살아 계심이 느껴지기 시작했습니다. 가정 사정은 더욱 어려워졌고 제가 처한 상황은 더욱 끔찍하게 바뀌었습니다. 한동안 열심히 신앙생활한 저는 다시 무너졌습니다. 실족한 저는 하나님께 반항하는 마음으로 담배를 피우기 시작했습니다. 그러던 어느 날 저는 하나님 앞에서 결단을 했습니다.

"하나님, 저의 20대를 다 드리겠습니다. 하나님이 원하시는 것과 교회가 시키는 일을 우선순위로 하겠습니다. 대신 10년이 지난 그 순간에도 상황이 똑같다면 저는 미련 없이 교회를 떠나겠습니다. 세세는 종교가 필요한 것이 아니라 살아 계신 하나님이 필요합니다."

그때부터 교회에서 시키는 일이라면 다 했습니다. 그리고 성경 공부도 열심히 했습니다. 한번은 성경 공부를 하는데 마치 하나님이 제게 질문하시는 것 같았습니다.

"너 나 믿니? 그러면 성경 전체를 읽어 보렴."

저는 용기를 내서 어려워 보이는 성경을 읽기 시작했습니다. 창세기에서 출애굽기로 넘어갔는데, 성막 이야기가 너무 어려워서 빨리 읽어 내려갔습니다. 대충 읽었더니 마음에 찔림이 와서 다시 돌아가 천천히 읽고는 레위기로 넘어갔습니다. 그런데 도저히 읽히지가 않았습니다. 그래서 읽는 도중에 밖에 나가서 담배를 피우고 다시 들어와서 천천히 읽었습니다. 성경이 안 읽힐 때마다 담배를 피우고 들어와서 읽곤 했습니다. 그렇게 한 장씩 읽기를 반복하다 드디어 시편에까지 이르렀습니다. 거기까지 와보니 문득 다섯 시간씩 성경을 읽고 있는 저 자신을 발견했습니다. 말씀이 그렇게 좋고 달 수가 없었습니다. 더 이상 담배도 필요 없었습니다.

성경을 읽는 과정에서 하나님이 제 심령을 만지기 시작하셨습니다. 요한계시록까지 성경을 다 읽었을 때 하나님의 은혜로 저는 담배를 완전히 끊게 되었습니다. 그래서인지 저는 담배를 피우거나 술을 마시며 고민하는 청년들에게 늘 이렇게 말합니다.

"담배 때문에 교회에 못 나온다면 담배 피우고 나와라. 대신 담배 한 개비를 피우면 성경 한 장을 읽어라. 소주 한 잔에 성경 한 장을 읽어라. 말씀이 센지 소주가 센지 한번 해봐."

그렇게 말씀으로 유혹을 이겨 보라고 권합니다.

불가능을 가능케 하신 하나님

20대에 하나님을 깊이 만나고, 스물아홉이 되던 해 어느 예배 시간에 하나님이 제게 "나는 네가 목회를 했으면 좋겠다"고 말씀하시는 것 같았습니다. 그리고 공부에 손을 놓은 지 오래인데, 학력고사를 보라는 마음을 주셨습니다.

"하위 2%가 10년을 놀았는데 무슨 대학입니까?"

저는 스물아홉이라는 늦은 나이에 공부를 해서 대학에 들어가야 한다는 사실을 받아들이기 힘들었습니다. 답답해 하는 마음에 하나님의 마음이 들리는 것 같았습니다.

"그래, 내가 봐도 참 갑갑하다. 그런데 남국아, 만왕의 왕인 내가 공부시켜 주고 결혼시켜 주고, 지혜를 준다면 왜 불가능하겠니? 나와 함께하자."

저는 하나님의 말씀에 결단을 하고 입시까지 넉 달간 학원에 다니며 공부했습니다. 영어와 수학은 일단 포기하고 암기 과목 위주로 공부했습니다. 놀랍게도 암기 과목의 경우 공부했던 문제가 그대로 출제되었고, 하위 2%에게 난공불락과도 같은 영어와 수학은 빨리 찍고 남은 시간에는 시험 보는 척하면서 간절히 기도했습니다. 짧은 기간 공부했음에도 불구하고 하나님의 은혜로 저는 신학대학교에 입학할 수 있었습니다. 하나님은 상황이 열악하고 능력도 없는 저에게 가장 맞는 방법으로 도와주신 것입니다.

고맙게도 시험을 준비하는 중에 아내가 제 곁을 지켜 주었습니다. 장인, 장모님은 저와 아내의 결혼을 5년간 반대하셨습니다. 당시 저는 학력고사를 준비하는 고졸인 반면 아내는 대졸에 광고 회사를 다니며 의사와 변호사로부터 중매까지 들어왔기 때문입니다. 우여곡절 끝에 허락을 받고 한 달 반만에 결혼을 했습니다. 아내가 몸이 약하기 때문에 빨리 허락하라고 처형이 재촉해 주신 데다 장모님이 저에 대한 좋은 평판을 들으시고는 허락해 주신 것이었습니다.

주의 종이 듣겠나이다

하나님의 은혜로 신학대학교에 입학하고 나서 '둘로스 선교회'를 하나님이 세워 주셨습니다. '둘로스'란 헬라어로 '종들'이라는 뜻을 가지고 있습니다.

신학교 2학년 때 과대표를 했던 한 전도사가 어느 날 새벽 기도를 다녀오는데 기도회를 만들라는 하나님의 마음이 강하게 들어 제게 상의했습니다. 저는 처음에는 힘들 것 같아서 거절하면서 다른 전도사들을 추천해 주었습니다. 그런데 그날 우연히 학교 버스 안에서 그를 다시 만나게 되었고, 하나님이 기도회에 대한 마음을 제게도 주셨습니다. 그다음 날 제가 나이도 있고 경험도 있어서 기도회를 인도하게 되었습니다. 그러다가 하나님이 선교의 마음을 주셔서 선교회로 정착하게 되었습니다.

선교회 이름을 정하는 중이었습니다. 어느 채플 시간에 하나님이 제게 이렇게 말씀하시는 것 같았습니다.

"남국아, 나는 내가 부를 때 사무엘처럼 내 명령에 잘 순종하는 종들을 원한단다."

그래서 '순종하는 종'이 되기 위해서 '종들'이라는 뜻을 지닌 '둘로스'라고 이름 지었습니다.

저는 현재 둘로스 선교회의 대표인 동시에 약수동에 있는 주내힘교회의 담임 목사로 섬기고 있습니다. 550명 전 교인 중 350여 명이 청년이고, 결혼한 30대가 160여 명이라서 평균 연령이 마흔이 안 되는 젊은 교회입니다. 젊은이가 많다 보니 자연스럽게 어린아이들도 많습니다. 하나님 앞에서 지키라는 의미로 무명으로 헌금하고 있는데, 사실 청년이 많은 교회는 재정이 부족할 수 있습니다. 하지만 늘 부족하지 않게 하나님이 채워 주시는 것을 경험하고 있습니다.

어느 날 마커스 선교 단체의 대표가 문화 사역을 하겠다며 저를 찾아왔습니다. 그러면서 찬양 사역자들의 멘토가 되어 달라고 요청했습니다. 사실 저는 당시만 해도 찬양 사역자들을 별로 좋아하지 않았습니다. 왜냐하면, 찬양을 하는 것과 사역자의 삶을 살아가는 것은 다른데 기다치고 찬양을 잘하면 자신이 사역자라고 생각하는 몇 사람을 보았기 때문입니다. 그래서 처음에는 제안을 정중하게 거절했습니다. 그런데 문득 하나님께서 이런 마음을 주셨습니다.

'찬양 사역자를 도와주지도 않으면서 그들더러 뭐라고 해서는 안 된다.'

그래서 저는 다시 대표를 만났고, 마커스의 지도 목사로 섬기기 시작했습니다. 함부영 찬양 사역자를 1년 반 동안 제자 훈련했습니다. 처음 10주 동안에는 혼을 많이 냈는데 "아멘! 아멘!" 하고 받는 그의 모습을 보면서 찬양 사역자 중에서도 신실한 사람이 있다는 사실을 깊이 느꼈습니다. 10주간 혼을 많이 낸 것이 미안해서 그 후부터는 더 열심히 훈련했습니다. 지금도 마커스에 들어오는 사람은 누구나 둘로스 선교회에서 20주간 제자 훈련을 받아야 합니다.

사실 저는 마커스가 이렇게 유명해질 줄은 정말 몰랐습니다. 유명해지는 것을 목표로 시작했더라면 중간에 포기했을 것입니다. 최낙중 목사님이 빌려 주신 해오름교회에서 예배를 드리는데, 갑자기 예배자가 증가했습니다. 제일 많이 올 때에는 7천 명이 운집할 정도로 사람들이 몰려와서 교회 로비 끝까지 가득 찼습니다.

마커스의 목표는 '어떤 환경에서도 늘 최고의 예배를 드리자'입니다. 그런데 상황이 이렇다 보니 어느 순간부터 예배를 제대로 드리지 못했습니다. 저희도 모르는 사이에 예배가 아니라 사역이 되어 버린 것입니다. 위기감을 느낀 저희들은 하나님과의 긴밀한 관계를 다지기 위해 잠정적으로 예배를 중단하고 저희끼리 예배를 따로 드렸습니다. 석 달 후 말레이시아에 있는 교회 현지 투어를 마치고 돌아와서 다시 예배를 시작했습니다.

저는 예배를 드리러 오는 많은 청년을 보면 한국 교회에 희망이 있음을 느끼며 참 감사합니다. 영적으로 사모하는 자들이 많음에 참 감사합니다. 한번은 설교 시간에 앞에 앉은 사람들이 왔다 갔다 하고 이상하게 행동해서 그만두고 싶은 적이 있었습니다. 이들이 예배를 드리러 온 것인지에 대한 회의를 느낀 것입니다. 그런데 한 통의 메일이 제 마음을 바꿨습니다.

"목사님, 먼 곳에서 목사님 말씀을 듣고 큰 힘을 얻었어요."

어떤 분이 먼 곳에서 예배하는 사람도 있다는 것을 알았으면 좋겠다는 마음으로 제게 메일을 쓴 것이었습니다. 예배당뿐 아니라 눈에 보이지 않는 곳곳에 하나님의 사람이 있다는 생각에 그때부터 하나님만 바라보며 예배에 임했습니다.

마커스 예배 시간에는 청년들에게 주로 '거룩'에 대한 메시지를 전합니다. 그 이유는 이 시대가 하나님 앞에 거룩이 무너진 시대 같기 때문입니다. 저는 대상이 청년들이기에 말씀을 직설적으로 선포합니다. 한번은 설교를 시작하자 자리를 떠나는 두 청년을 보았습니다. 저는 예배를 콘서트처럼 생각한 개념 없는 두 청년에게 거침없이 쓴 소리를 했습니다.

"여기 왜 왔어요? 사람 보러, 목사 보러 왔어요? 여러분 지금 하나님 앞에 있는 거에요."

그렇게 직설적으로 혼내고 강단을 내려오면 사실 좀 후회가 됩니다. 그런데 개념 있는 청년들이 그것을 받아 주어서 '호통 목사', '버럭 목사', '욕쟁이 목사' 등 농담 삼아 불러 주는 것 같습니다. 제가 그렇게 강하게 도전할 수 있는 것은 저 또한 청소년과 청년 시절을 힘들게 보냈기 때문입니다. 그들이 주님 앞에 오면 주님이 귀히 쓰실 수 있다는 생각이 들기 때문입니다. 저는 아직 주님을 모르는 청년들을 보면 안타까운 마음이 듭니다. 날마다 청년들을 사랑하는 마음이 끓어오릅니다.

제 삶이 하나님 안에 있다는 것이 정말 감사합니다. 그래서 하루하루 주님을 기대하며 살고 있습니다. 삶의 끝자락에서 '나는 어떤 모습으로 주님 앞에 서 있을까'를 꿈꿉니다. 그날에 주님 때문에 참 행복한 삶이었다고 고백했으면 합니다. 그리고 큰일은 못해도 맡겨진 일에 순종하고, 멋진 업적보다는 작은 일에 충성하는 자가 되었으면 좋겠습니다.

Rejoice Everyday

정 선 희 / 개그우먼

1992년 SBS 공채 개그우먼 데뷔 후
방황의 시기에 하나님을 만난 개그우먼 정선희.
「해피선데이」,「황금어장」,「불만제로」등의 프로그램을 진행하며
하나님과 동행하며 살던 그녀에게 2008년 갑작스럽게 시련이 찾아온다.
하나님의 뜻대로 침묵의 시간을 보내며 방송을 복귀하지만
사람들의 끊이지 않는 비난 가운데 다시 한 번 하나님의 은혜를 발견한다.
10년 전의 감사와는 또 다른 감사를 하며 살아가는 그녀는
일본어 번역이라는 새로운 일에 도전하며 하나님의 이끄심을 따라가고 있다.

나의 한마디 기도

취중에 찾아온 십자가

1992년, 저는 SBS 공채 개그우먼으로 데뷔했습니다. 제가 본격적으로 하나님과 교제를 시작한 때는 1994년이었습니다. 당시는 중고 신인으로서 많이 방황할 때였습니다. 나이가 어리기도 했고, 욕심도 많고, 모든 게 불안했습니다. 하루의 화가 진정되지 않은 상태에서 그다음 날을 맞는 악순환이 반복되었습니다.

당시 저는 술을 참 좋아했습니다. 그러던 어느 날, 새벽에 회식이 끝나고 술에 취해 집에 가는 길이었습니다. 문득 십자가 불빛이 매우 밝아 보여서 교회에 들어갔습니다. 새벽 예배가 시작되기도 전인 새벽

3시였는데 교회 문이 열려 있었습니다. 그때 처음 맡았던 나무 의자 냄새와 교회 냄새를 지금도 잊을 수가 없습니다. 멍하니 앉아 있는데 알 수 없는 눈물이 많이 났습니다.

저는 미션스쿨에 다녔기 때문에 하나님이 계시다는 것을 어렴풋이 알고 있었지만 그때 처음으로 마음 깊은 울림을 느꼈던 것 같습니다. 그날을 계기로 그 교회의 주일 예배를 나가게 되었고, 이후 어머니가 새벽 예배를 나가시고 주일 성수도 하게 되셨습니다. 그렇게 저희 가족이 차례대로 교회에 나가게 되었습니다.

그런데 당시 저는 어머니의 신앙이 급격하게 뜨거워지는 모습을 보고 사실 거리감이 느껴졌습니다.

"나는 하나님이 너를 찾고 계신다는 생각이 자꾸 든단다."

제가 힘들어할 때마다 어머니가 하신 말씀입니다. 그런데 그 말을 들을 때마다 이상하게도 저는 약이 올랐습니다. 그러던 제가 어머니의 강한 기도로 어느 순간부터 새벽 예배를 나가기 시작했습니다. 그렇게 두 달을 새벽 예배를 다니면서 하나님을 인격적으로 만나게 되었습니다. 생각해 보면 그동안 제가 누렸던 모든 것이 다 어머니의 기도 덕분이었던 것 같습니다.

그렇게 기도하는 과정에서 저는 그렇게도 기다렸던 전성기를 맞게 되었습니다. 돌이켜 보면 하나님이 제 기도를 거의 다 들어주신 것 같습니다. 그때 하나님이 제 인생에 깊이 관여하신다는 확신이 들었습니다.

살려 주세요

그런 시간을 보내고 있던 제게 2008년, 갑작스럽게 상상할 수도 없는 일이 일어났습니다.

"하나님, 저 너무 무서워요. 제가 처음 경험하는 일이에요. 사람들이 너무 무서워요. 이 상황이 어떻게 될지 두려워요. 살려 주세요."

제일 순도 높은 기도였습니다. 진심으로 하나님을 만났던 때가 딱 그때였던 것 같습니다. 처음에 그 일을 당했을 때는 기도도 안 나왔습니다. 총에 맞아 보지는 않았지만, 사람이 총에 맞으면 무감각해진다고 들었습니다. 인지가 되지 않아 '무슨 일이지?' 하는 시기가 어느 정도 있었습니다. 사건 당시 상황을 판단할 수 없을 만큼 충격을 받았던 것입니다. 그러다 어느 순간 공포가 다가왔습니다.

'이제 나는 살 수가 없구나. 내 인생은 끝났구나.'

끊임없이 나락으로 떨어지는 느낌이었습니다. 그러다가 본능적으로 올라가는 길을 찾던 중 벼랑 끝에서 하나님의 손을 붙잡았습니다. 참 감사했습니다. 만약 제가 나락으로 떨어질 때 하나님으로 훈련을 받지 않았다면 아마 저는 다른 줄을 잡았을 것입니다. 가끔 그것이 썩은 동아줄이었다면 나는 어떻게 되었을까 생각합니다. 다행히도 하나님이 저를 십수 년 동안 훈련시켜 주셔서 하나님을 붙잡을 수 있었습니다.

사실 지금 상황은 예전과 크게 달라지지 않았습니다. 그렇지만 조금이라도 나아진 모습을 보며 깊은 감사를 느낍니다. 제 욕심대로 상황이 바뀌지는 않았지만 하나님이 제 마음을 정말 많이 바꿔 주셨습니다.

침묵의 이유

그 상황에 대해 많은 사람들이 많은 것을 물었습니다. 하지만 저는 침묵할 수밖에 없었습니다. 저도 잘 모르는 상황인데 사람들은 제가 많은 것을 알고 있을 거라고 생각하면서 자꾸 답을 요구했습니다.

'누가 봐도 내가 모르는 게 당연한데 왜 사람들은 내가 알 거라고 생각하지?'

잘못된 소문들 속에서 정말 답답했습니다. 엎친 데 덮친 격으로 세상은 계속 같은 말을 하는 사람들의 편을 들어주었습니다. 그 안에서 멋대로 해석되는 모습을 보며 세상에 더 화가 났습니다. 괴로워서 하나님께 따지기도 했습니다.

"왜 제가 침묵해야 돼요? 왜 저는 따지면 안 되죠? 전 너무 억울한데……."

그런데 희한하게도 하나님은 제게 싸우라는 마음을 주시지 않았습니다. 어떻게 해서든 다 이야기해서 억울함을 밝히라는 마음을 안 주시고 그때마다 침묵하게 하셨습니다.

아직도 끊임없이 몇몇 사람들이 "아직 의혹이 풀리지도 않았고 뭔가 의심쩍은 것이 있는데 그런 사람이 방송을 해도 되겠느냐"고 한다고 들었습니다. 여전히 저를 보며 손가락질하는 사람들도 있습니다. 그런데 제가 과연 사람들이 원하는 그 답변을 평생 해 드릴 수 있을까 싶습니다. 저도 그 답을 모르는 피해자이고, 하나님이 다 이야기하면서 누군가를 끝까지 밀어붙이는 방법을 택하지 않게 하셨기 때문입니다. '차라리 네가 맞으렴' 하신 하나님의 뜻이 있지 않을까 싶습니다. 이제 와서 굳이 주절주절 이야기하는 것이 그분의 뜻 같지 않다는 생각이 듭니다. 당하게 하실 때는 그분의 다른 뜻이 있지 않을까요?

그러면서 조금씩 알게 된 것은 그 기간을 버티면서 제가 단순히 잃기만 한 것이 아니라 많은 것을 채울 수 있었다는 사실입니다. 저는 어렸을 때 데뷔해서 일에 전력 질주했습니다. 그리고 항상 남자들과 경쟁하면서 옆을 보지 못했습니다. 그래서 주저앉아 힘들어하는 사람을 보면 "빨리 일어나. 가야지!" 하며 제 식대로의 위로를 했습니다. 그랬던 제가 이제는 다른 생각을 하게 되었습니다. 인간의 힘으로 해결할 수 없는 사건 앞에서는 주저앉아 있을 수도 있다는 생각이 들었습니다. 시련을 통해 넘어진 자의 마음을 알게 된 것입니다.

그 후 힘들어하는 사람에게 감히 일어나라는 말을 못하게 되었습니다. 일단 옆에 같이 앉아 있어 주는 것이 힘이 된다는 것을, 같이 울어 주는 게 위로하는 것보다 힘이 된다는 것을 배웠습니다.

이른 방송 복귀

힘든 일이 터지고 7개월 만에 하나님의 뜻 가운데 라디오를 시작했습니다. 많이 힘들었지만 그때는 제게 믿음을 주고 도와준 동료들에게 제가 쓰러지지 않고 일어나는 모습을 보여 줘야만 한다고 생각했습니다. 일찍 방송으로 복귀한 제게 많은 사람이 돌을 던졌습니다.

"네가 지금 방송을 할 때냐? 네 옆에 몇 사람이 운명했는데 제정신이냐? 뻔뻔하다. 용서가 안 된다. 끔찍하다. 무섭다."

수많은 비난의 글이 게시판을 채웠습니다. 그때는 하루하루가 전쟁이었습니다.

'아버지, 저를 왜 여기 세우셨어요?'

뒤늦게 깨달은 아버지의 뜻은 당신의 딸을 그대로 두었다가는 극단적인 선택을 했을 것이며, 나가서 강해져야 하는 시기라고 생각하셨던 것 같습니다. 그렇게 일을 하면서 저는 새로운 것을 배웠습니다. 그동안 저는 좋은 말만 듣기 원했고, 작은 비난에도 몸살을 앓았습니다. 그런데 이제는 98%의 비난의 글 가운데 한두 개의 좋은 글만 봐도 감사한 마음이 듭니다.

"선희 씨, 저는 선희 씨를 응원해요. 선희 씨를 위해 기도했어요."

열 줄 가운데 그 한 줄이 정말 고마웠습니다. 아무것도 없는데 꽃이 하나 피어 있으니까 그게 정말 고마워서 그것을 붙들고 하루 방송을 했습니다. 집에 가서 몸살을 앓다가도 그다음 날 힘을 내게 되었고, 그렇게 시간을 보내니까 괜찮아지기 시작했습니다. 갈급함 속에서 더욱 크게 느껴졌던 하나님의 은혜를 라디오를 하면서 느꼈습니다. 라디오를 하는 매일이 제겐 크리스마스였습니다.

이게 어디야

저는 이처럼 라디오를 통해 은혜를 받고 일상의 소소함에 감사를 깊이 느끼고 있습니다. 아침에 눈을 뜨면 새삼 정말 감사합니다. 방송에서 제가 우는 모습을 안 보는 것만으로도 정말 감사합니다. 어느 순간 밥맛도 돌면서 먹고 싶은 것이 생긴 것도 정말 감사합니다. 한때 색이 있는 옷을 입으면 안 될 것 같은 시기가 몇 년 있었습니다. 어느 날, 옷장을 열어 봤는데 검은 옷만 가득했습니다. 그랬던 제가 지금 색이 있는 옷을 찾아 입을 수 있는 것도 감사합니다.

10년 전의 감사와는 또 다른 감사입니다. 10년 전에는 갖고 싶은 것이 많았습니다. 더 많은 명예를 갖고 싶었고, 더 안정된 위치를 갖고 싶었습니다. 그때는 세상을 좇아 살던 시절이어서 "하나님 이거 주시면 제가 저거 할게요" 하는 기도를 많이 했던 것 같습니다. 그랬던 제가 현재는 이런 마음이 듭니다.

'이게 어디야.'

지난 고난을 통해 저는 하나님의 깊은 은혜를 발견하게 되었습니다. 모든 것이 하나님의 선물임을 깨달았습니다. 그래서 욕심이 나다가도 정신을 차리게 되는 것 같습니다.

힘들었던 시간은 이제 과거가 되었지만 저는 늘 기도로 무장해야 함을 느낍니다. 최근에는 혼자 운전을 하며 차 안에서 기도를 많이 드립니다. 이전에 저는 15년 이상 매니저를 통해 세상을 만났습니다. 하나님이 홀로서기의 마음을 주셔서 2년 가까이 혼자 다니고 있는데, 제가 이전보다 매우 강해졌다는 것을 느낍니다.

번역가 정선희

그렇게 감사와 기도로 하루하루를 보내다가 2013년에 『인생이 알려준 것들』이라는 일본어 책을 번역하게 되었습니다. 이 책은 가와카미 미에코라는 소설가가 쓴 에세이입니다.

저는 일본어를 포함해 언어 공부를 유독 좋아하는데 번역은 사실 처음에 엄두를 못 냈습니다. 특히 이 책을 의뢰받았을 때는 인생에서 두 번째로 힘든 시기였습니다. 힘든 일이 있고 3년 정도 지났을 때였는데, 당시 제 안에는 신앙 훈련, 사람들에게 보이는 이미지, 꿋꿋하게 일어나야 한다는 의무감 등이 섞여 있었습니다. 다시 일어서야 하는 압박감 속에서 살았던 시절이었습니다. 사람들의 관심이 잠잠해지고 제가 혼자 일상을 살아야 하는 시간이 온 것이었습니다.

그때 문득 '내가 지금 괜찮지 않구나' 하는 생각이 들었습니다. 저는 충분히 아플 시간이 없었고, 어머니에게도 제가 괜찮다는 것을 보여야만 해서 괜찮은 척했을 뿐이었습니다.

'나 사실 안 행복해. 힘들었어. 난 이제 어떻게 살지?'

감사한 마음이 점점 사라졌습니다. 남에게 보이는 것이 아닌 낯선 일상을 살아갈 자신이 없었습니다. 그 시기에 번역 일이 찾아왔습니다. 하나님이 참 지루하지 않은 방법으로 일하신다는 것을 느꼈습니다. 번역하면서 매일매일이 즐거웠고 일상을 점점 찾아가기 시작했습니다. 번역하면서 한 줄 한 줄을 곱씹게 하시고, 한 시간 한 시간을 느끼게 해 주셨습니다. 제가 가장 좋아하고 흥미로워하는 길로 이끄신 것입니다.

지금 저는 일본어에 이어 중국어 공부에도 도전하고 있습니다. 원래 중국 문화에 관심이 별로 없었는데 우연한 기회로 중국어를 접하게 되었고, 하나님의 뜻을 찾으며 중국어를 배우고 있습니다. 하나님이 제게 주신 재능이 무엇인지 궁금하고 많이 기대됩니다. 아직까지는 제가 어떻게 쓰임 받을지에 대한 구체적인 그림이 보이지 않지만 하나님의 뜻 안에서 잘 이끌어 주시는 것 같습니다. 제가 하는 일이 아니기에 한 걸음 한 걸음 하나님을 따라가고 있습니다.

"하나님, 제 아빠가 저를 이끄시니 잘 따라갈게요."

문 종 성 / 작가

7년 2개월 동안 112개 나라를 자전거로 달린 청년 문종성.
취업의 노예로 살아가는 젊은이들 속에서
27살 청년에 인생의 십일조로 세계 여행을 떠났다.
하나님의 시선이 머문 곳을 찾아 떠난 자전거 광야 여행.
여행을 하며 우연한 기회로 5권의 책을 출간하게 되고,
하나님의 은혜를 몸으로 체험하며,
전 세계 방방곡곡에 하나님의 손길이 닿지 않는 곳이 없음을 깨닫게 된다.
그는 귀한 경험을 통해 전 인생을 하나님께 드리고자 한다.

광야 길에 만난 하나님

네 살배기 꼬마를 사랑으로 반겨 준 교회

저는 네 살 때부터 교회를 다니기 시작했습니다. 집 앞 교회에서 찬양 소리와 아이들 소리가 들려서 호기심에 혼자 교회를 찾아갔습니다. 당시 제가 교회에 처음 갔을 때 모두 "어, 잘 왔어. 어서 와" 하며 따뜻하게 반겨 주었습니다. 자연스럽게 그 모임에 참석했고, 다들 강요가 아닌 사랑으로 저를 감싸 주었습니다. 게다가 그곳에는 재미와 감동까지 있어서 저는 늘 주일을 기대했습니다. 어머니는 원래 교회를 다니셨는데 당시 몸이 안 좋아 쉬다가 제가 여섯 살 때 가족이 함께 다시 교회에 나가기 시작했습니다.

감사하게도 저는 교회에서 훌륭한 목회자들을 만나서 영적 방황을 한 적이 없었습니다. 그런데 시간이 흘러 20대가 되면서 교회의 연약한 모습을 알게 되면서 조금 혼란스러운 적이 있었습니다. 그때 대학 안에 있는 선교 단체를 통해 신앙의 깊이에 대해 고민하기 시작했습니다. 그러면서 제가 그동안 헌신은 많이 했지만, 방향이 잘못되어 있었다는 것을 알았습니다.

"하나님, 저 전도 집회 가야 해서 바빠요. 청년부 예배 준비해야 해요. 기도는 잠시 쉬고, 말씀은 나중에 볼게요."

하나님과의 교제보다는 사역에 더 집중해서 지쳐 버렸던 것입니다. 제 생각에 그때 신앙이 많이 흔들렸던 것 같습니다.

그런 대학 시절을 보내다가 큰 깨달음을 얻은 적이 있었습니다. 한번은 유일하게 높은 점수를 받았던 과목의 종강 파티 때 교수님이 저를 부르셨습니다.

"문종성, 자네 나오시게."

앞으로 나갔더니 모든 학생이 바라보는 가운데 교수님이 제게 대표로 술잔을 건네셨습니다.

"교수님, 죄송하지만 저는 술을 마시지 않습니다."

"아, 그러신가. 자네는 그럼 콜라를 마시게."

정말 조심스럽게 예의를 갖추며 말씀드렸는데 교수님이 흔쾌히 인정을 해 주셔서 정말 감사했습니다. 저는 크리스천이라고 해서 세상과 벽을 쌓는 것이 아니라 오히려 세상과 균형을 맞추어 교류할 수 있어야 한다고 생각합니다. 특히 교수님의 인격적인 모습을 보면서 그렇게 생각하게 되었습니다.

'내가 크리스천으로서 세상을 정죄하고 비판하는 것이 아니라 예수님의 사랑을 가지고 더 사랑하며 따뜻하게 다가가야겠구나.'

제가 사랑을 주더라도 사람을 변화시키는 일을 하는 분은 성령이시라는 것을 깨달으며 더 이상 욕심을 부리면 안 되겠다는 생각도 했습니다. 그렇게 교수님과의 만남은 제게 큰 유익이 되었습니다.

스물일곱 청년, 인생의 십일조를 드리다

어느 날 문득 저는 제가 하나님의 일은 열심히 하고 있는데 정작 하나님을 못 만나고 있다는 생각이 들었습니다. 영적인 감각이 없이 표류하고 있다는 것을 깨달은 것입니다. 그런 고민을 하던 중에 우연히 마르틴 루터의 책을 읽었는데, 한 구절을 발견하고는 가슴이 뛰었습니다.

"하나님의 말씀은 성경에만 기록된 것이 아니라 나무들과 꽃들, 구름과 별들에도 기록되어 있다."

'아! 이게 은혜구나. 마르틴 루터는 이런 묵상을 해서 종교개혁을

할 수 있었구나! 나도 이렇게 하나님을 믿고 싶다.'

그래서 스물일곱에 여행을 시작해 서른넷이 되어 7년 2개월 만에 한국에 들어왔습니다. 미국에서 시작해 일본을 마지막으로 총 112개국을 다녀왔는데, 자전거 비전 여행이 주제였습니다. 신앙생활을 하다 보면 하나님이 아닌 다른 것에 의지할 때가 있는데 돈이나 사람이 아닌 하나님만을 의지하며 여행하자는 생각이었습니다. 그래서 재정이 부족한 상태에서 출발했습니다. 미국으로 떠날 때 부모님께 경제적인 독립을 선언했는데, 마지막으로 부모님의 도움을 받아 미국행 항공료를 받았고 돈 300만 원을 들고 여행을 시작했습니다.

저는 관광지를 다니며 단순히 여행하는 것이 아니라 다른 몇 가지 목적을 품고 떠났습니다. 첫째는 광야에서 하나님과의 깊은 만남을 통해 인격적이고 영적인 성숙을 얻는 것이었습니다. 둘째는 전 세계에 이름도 없고 빛도 없지만 오지 곳곳에서 하나님의 기쁨과 영광을 위해 사역하시는 선교사님들의 선교지를 방문하는 것이었습니다.

긴 여행을 통해 가장 먼저 깨달은 점은 더, 그리고 끝까지 사랑해야겠다는 것이었습니다. 사실 크리스천들은 예수님께 받은 사랑으로 이웃을 사랑해야 한다는 사실을 자주 들어 잘 알고 있습니다. 그렇지만 사실 저는 받은 사랑을 이웃에게 나누는 방법을 잘 몰랐습니다. 그런 제가 광야에서 사람들을 만나고 선교지를 방문하면서 여러 관계를 통해 하나님이 묵상하게 하신 사실이 있습니다.

'사랑을 하려거든 예수님처럼 하라.'

예수님이 저를 먼저 사랑하셨고, 더 사랑하셨으며, 끝까지 사랑해 주셨다는 부분을 묵상했습니다.

저는 여행 중에 다섯 권의 책을 출간했습니다. 사실 책 출판은 계획에 없는 일이었습니다. 물론 이런 생각을 한 적은 있었습니다.

'만일 7년 동안의 여정이 끝나고 나면 혹시 내가 쓴 글도 출판사에서 받아 줄까?'

외국에서 여행을 하면서 솔직 담백하게 블로그에 글을 연재했는데, 한 출판 담당자가 제 글을 보고 연락을 주셨습니다. 당시 연재했던 글은 단순한 여행기가 아니라 제가 만난 사람들을 통해서 그들이 어떻게 가치 있는 인생을 살고 있는지 등을 기록한 글이었습니다.

"문종성 씨 글은 조금 남다르네요. 현지인의 삶이 생생하게 드러나 있고 관계 속에서 얻어지는 내용인데……, 책을 한번 내 봤으면 좋겠어요."

그렇게 첫 책이 나왔는데, 감사하게도 계속 은혜를 주셔서 여행 중에 나머지 네 권의 책을 출간하게 되었습니다. 여행을 시작했을 때는 적은 돈을 가지고 갔는데 여행하면서 책을 출간하게 되면서 많지는 않지만 인세를 받았고, 잡지사에서 연락이 와 연재도 했습니다. 그리고 출간 후에 현지와 한인 교회에서 강의 요청이 들어와서 조금씩 여행비를 충당할 수 있었습니다. 하나님이 놀랍게 재정을 채우시는 은혜를 경험했습니다.

하지만 여행 중에 산전수전을 다 겪기도 했습니다. 피곤하면 낯선

곳에서 잠을 자기도 했는데 폐차장, 경찰서, 병원, 학교 교실, 교회 바닥, 공사장, 소방서, 그리고 남의 집 처마 밑에서도 허락을 받고 자기도 했습니다. 그렇게 다니면서 강도, 뺑소니 등의 큰 사고만 여섯 번을 당했습니다. 거의 1년에 한 번씩 당했는데, 한번은 아르헨티나에서였습니다. 낮에 걸어가고 있는데 사람들이 많은 도로변에서 칼을 든 남자 세 명이 와서 자전거와 가방 일곱 개를 모두 빼앗아 갔습니다. 저는 그 상황에서 어쩔 줄 몰라 하는 저 자신에게 화가 났습니다.

'하나님, 제가 어떻게 해야 합니까?'

망연자실한 저를 현지에서 만난 한인 목사님이 위로해 주셨습니다.

"문 형제, 우리 집에 오세요."

제 물질이 채워질 때까지 석 달간 목사님 댁에서 머물게 해 주셨는데, 힘든 시기 가운데 조건 없는 사랑에 큰 위로를 받았습니다. 그다음 행선지가 아프리카였는데 문득 이런 생각이 들었습니다.

'내가 다 잃어서 가진 것은 없지만 받은 사랑을 사람들에게 나눠 주고 싶다. 내가 받은 사랑을 어떻게 나눠야 할까?'

그때 기도하며 계획에 없던 사마리아 프로젝트를 준비했습니다. 아프리카 선교지를 방문할 때마다 모기장을 설치하는 프로젝트인데, 재정을 아껴서 아프리카에 300개의 모기장을 설치하겠다고 하나님께 서원했습니다. 받은 사랑을 통해 그 아이디어가 떠올랐습니다.

프로젝트를 다짐하고 있던 어느 날, 전혀 모르는 사람으로부터 메일을 받았습니다.

"종성 형제, 이 광야 여행은 형제만의 도전이 아니라 우리 모두의 도전입니다."

처음에는 1인 프로젝트로 시작했는데 전혀 생각하지 못한 동역자들에게서 연락이 오고, 여기저기서 도움의 손길이 왔습니다. 그래서 아프리카를 방문할 때마다 그분들과 함께 기도하는 마음으로 모기장을 칠 수 있었습니다.

현지인들과 똑같이 먹고 생활하면서 한번은 말라리아에 걸려서 병원 신세를 진 적이 있었습니다. 말라리아 감염을 통해 고생하기도 했지만 말라리아에 걸린 아이들의 고통을 공감할 수 있어서 감사했습니다. 고열, 오한, 설사, 불면 등의 증상이 있었는데, 그것을 계기로 제가 하고 있는 모기장 사역이 정말 중요하다는 생각이 들어서 더 열심히 프로젝트에 임했습니다. 그 외에도 남아메리카 지역에서는 2년간 설사병을 앓았고, 인도나 아프리카 등 가는 곳마다 풍토병으로 많은 고생을 했습니다.

또한 가장 은혜 받았던 순간이 가장 힘들기도 했습니다. 그 이유는 하나님의 은혜를 누리는 그 자리에 저 혼자뿐이었기 때문입니다. 은혜를 나눌 사람이 없다는 사실이 저를 무척이나 외롭게 했습니다. 살면서 기쁜 일과 감동이 있을 때 사람들과 은혜를 나누는 것이 얼마나 소중한지 깨닫게 되었습니다.

저는 여행 중에 중동 지역과 불교권 지역 등 전 세계의 종교 지역을 체험했습니다. 한번은 인도에 있을 때 쥐를 모시는 신전에 갔는데 쥐가 3만 마리나 있었습니다. 쥐에게 경배하고 쥐 앞에서 결혼 서약을 하는 모습을 보며 충격을 받았습니다.

남미에 있을 때까지는 예배를 드릴 수 있었는데 사람이 아무도 없는 아프리카에서부터는 쉽지 않았습니다. 동행한 일행들과 현지 선교사님들의 집에서 가정 예배를 드린 적도 있었습니다. 저는 어떤 상황에서든 영적 갈급함을 채우기 위해 노력했습니다.

은혜의 시간

출간한 책 『떠나 보니 함께였다』에 여행하면서 새롭게 발견한 내용을 담았습니다.

"자전거 타고 7년 112개국을 돌며 하나님을 만났다. 하나님은 세상 모든 곳에 계셨다. 사막의 모래알 속에도 알래스카의 눈보라 속에도 정글의 우림 속에도 하나님의 손길이 닿지 않는 곳이 없었다. 그곳에서 만난 사람들, 그 속에서 피어나는 이야기들을 하나님이 보게 하셨다. 하나님의 시선이 닿은 곳 그곳에서 나는 다시 태어났다. 믿음이라고 주장한 곳을 떠나니 비로소 하나님의 믿음이 보였다. 세상 모든 곳, 그곳에 하나님의 믿음이 자라나고 있었다."

교회라는 건물 안에서만 하나님을 만났던 저 자신에 대해 반성했습니다. 떠나 보니 모든 곳에 하나님이 계셨음을 깊이 느낀 것입니다. 『떠나 보니 함께였다』의 표지가 된 사진은 해발 4,300m에 있는 볼리비아 우유니 사막인데, 그곳에서 지낼 때 아무것도 없는 사막에서 묵상을 했습니다. 그러다가 놀랍게도 그 광활한 사막에 홀로 자라고 있는 들풀을 보며 깨달았습니다.

'이 작고 보잘것없는 들풀조차도 하나님의 손길이 미치는구나.'

요즘 성공을 위해 고군분투하는 청년이 많은데, 하나님은 우리 인생을 성공하게 해 주시는 분이 아니라 우리가 어떤 모습으로 살지라도 사랑하시는 분이라는 사실을 전하고 싶습니다. 저는 사막을 다니면서 하나님이 저를 참 사랑하신다는 것을 깊이 깨달았습니다.

여행을 하면서 사막에서 작은 텐트 하나를 치고 지낼 때 한밤중에 놀라운 것을 보았습니다. 은색, 파란색, 노란색, 붉은색 등 다양한 색의 별들과 5분마다 한 번씩 떨어지는 별똥별을 볼 수 있었습니다. 아름다운 별들을 보며 하나님의 은혜를 또 한 번 느꼈습니다.

저는 사막에서 생활하면서 가장 사소한 것조차 하나님께 기도하며 물었습니다.

"하나님, 제가 오늘 무엇을 먹게 될까요? 어디에서 잠을 자게 될까요? 누구를 만나게 될까요? 어느 경로로 가야 할까요?"

날씨와 모든 것을 예측하기 힘들었기 때문에 그렇게 기도의 훈련을 하며 전적으로 하나님을 경험하는 은혜의 시간을 가졌습니다.

우는 자들과 함께 울라

"오늘도 꿈 때문에 버틴다. 오늘도 사랑 때문에 이겨 본다. 지금 광야에서의 외로움이 하나님을 묵상하는 값진 여백의 시간임을. 지금 상황의 어려움이 훗날 아파하는 다른 이를 품을 수 있는 포용의 미학이기를……."

저는 이 긴 여정을 시작하기 전에 신학대학교에 합격을 했지만 일반대학교에 진학을 했었습니다. 광야 여행을 시작한 후 신학 공부에 대해 더 확신하게 되었습니다.

또한 가장 많이 알고 있는 단어이지만 가장 실천하기 어려운 것이 '이웃 사랑'이라는 것도 여행 내내 묵상할 수 있었습니다. 처음 여행을 떠날 때는 인생의 십일조를 드리겠다고 기도로 준비하고 출발했지만 여행을 하다 보니 십일조가 아니라 전 인생으로도 하나님의 은혜를 갚기에는 부족하다는 생각을 했습니다. 그래서 앞으로 소외된 이웃들을 섬기기로 결심하며 준비하고 있습니다.

현재 저는 '스토리두어'(Story Doer) 강사로 활동 중입니다. 예전에는 스토리텔링(Story Telling)이 유행했는데, 이는 말을 통해 사람들에게 메시지를 전하는 것입니다. 저는 더 나아가 말만 하는 것이 아니라 말하는 대로 행하는 삶을 살고 싶었습니다. 가치가 있는 꿈을 가지고 의미 있는 인생을 살고 싶었습니다. 그래서 사람들에게 성공하라고 하지 않고 이렇게 말합니다.

"손해를 보세요. 더 사랑하고, 먼저 이해하고, 더 포용하세요."

저 역시 끊임없이 이것을 실천하려고 노력하면서 대중들을 만나고 있습니다.

지난 7년간의 광야에서의 삶은 귀한 축복이었습니다. 하나님을 보다 선명하게 만날 수 있었습니다. 단지 떠나 보니 하나님을 깊게 만날 수 있어서가 아닙니다. 시련을 겪고 나서 조금 더 경건해진 모습 때문만은 아닙니다. 제가 어떤 모습이든 저를 당신의 아들로 사랑해 주시는 하나님의 마음을 묵상할 때, 바로 그때가 정말 행복했습니다. 꼭 떠나야만 하나님이 계시는 것이 아니라 어느 곳에나 하나님이 임재하신다는 사실, 고난을 겪어야만 말씀을 깊게 묵상할 수 있는 것이 아니라 어떤 상황 속에서도 하나님의 말씀이 살아 역사한다는 사실을 저는 역설적이게도 떠나 보니 알게 되었습니다.

하나님께 받은 은혜를 하나님이 주신 사명 안에서 아름답고 성숙하게 표현해 보고 싶습니다. 주를 기쁘시게 하며, 내 이웃을 나 자신과 같이 사랑하는 예수 그리스도의 진리와 사랑을 진실하게 전하는 인생을 통해서 말입니다. 비록 세상 속에서의 제 모습은 모순투성이이지만 하나님께 맡깁니다. 지금까지도 그래 왔고, 앞으로도 하나님이 하실 것을 믿기 때문입니다. 용기를 내서 외롭고 지친 이들에게 먼저 다가가 손을 내밀겠습니다. 하나님이 제게 그렇게 해 주셨던 것처럼 말입니다.

내가 매일 기쁘게

Rejoice Everyday

사명선언문

너희가 흠이 없고 순전하여……세상에서 그들 가운데 빛들로
나타내며 생명의 말씀을 밝혀 _ 빌 2:15-16

1. 생명을 담겠습니다
만드는 책에 주님 주신 생명을 담겠습니다.
그 책으로 복음을 선포하겠습니다.

2. 말씀을 밝히겠습니다
생명의 근본은 말씀입니다.
말씀을 밝혀 성도와 교회의 성장을 돕겠습니다.

3. 빛이 되겠습니다
시대와 영혼의 어두움을 밝혀 주님 앞으로 이끄는
빛이 되는 책을 만들겠습니다.

4. 순전히 행하겠습니다
책을 만들고 전하는 일과 경영하는 일에 부끄러움이 없는
정직함으로 행하겠습니다.

5. 끝까지 전파하겠습니다
모든 사람에게, 땅 끝까지, 주님 오시는 그날까지
복음을 전하는 사명을 다하겠습니다.

서점 안내

광화문점   서울시 종로구 새문안로 69 구세군회관 1층
02)737-2288(T) 02)737-4623(F)

강남점   서울시 서초구 신반포로 177 반포쇼핑타운 3동 2층
02)595-1211(T) 02)595-3549(F)

구로점   서울시 구로구 시흥대로 577 3층
02)858-8744(T) 02)838-0653(F)

노원점   서울시 노원구 동일로 1366 삼봉빌딩 지하 1층
02)938-7979(T) 02)3391-6169(F)

분당점   경기도 성남시 분당구 황새울로 315 대현빌딩 3층
031)707-5566(T) 031)707-4999(F)

신촌점   서울시 마포구 서강로 144 동인빌딩 8층
02)702-1411(T) 02)702-1131(F)

일산점   경기도 고양시 일산서구 중앙로 1391 레이크타운 지하 1층
031)916-8787(T) 031)916-8788(F)

의정부점   경기도 의정부시 청사로47번길 12 성산타워 3층
031)845-0600(T) 031) 852-6930(F)

인터넷서점   www.lifebook.co.kr